# Vietnam

Eindrücke von einer Pauschalreise

interconnections

**interconnections.de | S**

# AUSLANDSERFAHRUNG

**Ferienjobs, Praktika, Austausch & Lernen**
Europa und Übersee
*Ein Klassiker zu guten Jobs und Praktika in aller Welt*
ISBN: 978-3-86040-009-8
212 Seiten, Tb.
15,90 €

**Praktika – bei EU, UN und Internationalen Institutionen**
*Voraussetzungen, Adressen, Bewerbung, Chancen*
ISBN: 978-3-86040-155-2
206 Seiten, Tb.
24,90 €

**Freiwilligeneinsätze Weltweit**
**Leitfaden zu selbstorganisierten Freiwilligendiensten**
*Für Freiwillige & Träger*
ISBN: 978-3-86040-136-1
224 Seiten, Tb.
15,90 €

**Das Au-Pair Handbuch**
**Europa und Übersee**
Aupairs, Gastfamilien, Agenturen
*Adressen, Erfahrungsberichte und tausend Tipps*
ISBN: 978-3-86040-026-5
208 Seiten, Tb.
15,90 €

**Jobs, Praktika, Austausch ...**
www.interconnections.de

# Unbekanntes Vietnam

## Hondas, Hühner, Heiligtümer, Wasserpuppen, Nudelsuppen

Eindrücke von einer Pauschalreise

Barbara Hölz-Fernbach

interconnections

**Autoren gesucht**
Haben Sie interessante Reiseberichte, Sachtitel oder auch
Autobiografien, die Sie veröffentlichen wollen?

Bitte kontaktieren Sie uns: info@interconnections.de

**Impressum**

Reihe ReiseTops, Band 9
Unbekanntes Vietnam
Hondas, Hühner, Heiligtümer, Wasserpuppen, Nudelsuppen
Eindrücke von einer Pauschalreise
Autorin: Barbara Hölz-Fernbach

Fotos: Barbara Hölz-Fernbach
Umschlagdesign, DTP-Satz: Anja Semling

Copyright interconnections Freiburg
1. Auflage
2013 – 2012
ISBN 978-3-86040-181-1

interconnections, Schillerstr. 44, 79102 Freiburg
Tel. +49 761 700 650, Fax +49 761 700 688
info@interconnections.de
www.interconnections.de
www.reisetops.com

# Inhaltsverzeichnis

**Vietnam** .................................................. 8
  Alt-Hanoi ................................................ 8
    Viertel der 36 Zünfte ............................. 10
    Hoan-Kiem-See und Jadeinsel ................... 12
    Zurück im Gassengewirr ......................... 13
    Am Abend ............................................ 14
    Was blieb hängen? ................................. 15
**Hanoi, Halongbucht und zurück** ..................... 16
  Ho-Chi-Minh Mausoleum ......................... 16
  Über Ho Chi Minh .................................. 16
  Literaturtempel ...................................... 18
  Auf der Straße nach Halong ..................... 20
  Baguetteschlange ................................... 20
  Häuserschlange ..................................... 21
  Unterwegs auf dem Bauernmarkt .............. 22
  Halong-Stadt ........................................ 23
**Halong-Bucht** ........................................... 24
  Wieder an Land, wieder Verkehr ............... 28
  Buddhistische Friedhöfe in Reisfeldern ....... 29
  Vietnamesisches Wasserpuppentheater ...... 30
**Königsstadt Hue** ....................................... 32
  Kaiserliche Zitadelle von Hue ................... 33
  Hue – Verbotene Stadt ............................ 33
  Thien-Mu-Pagode .................................. 35
  Auf dem Fluss der Wohlgerüche, Fahrt im Drachenboot ... 36
  Verehrung von Naturgeistern .................... 37
  Abends am Fluss der Wohlgerüche ............ 37
  Geisterglaube ....................................... 38
  Auf dem Dong- Ba-Markt in Hue ............... 39
    Doi Moi ............................................. 39
**Totenstädte bei Hue** .................................. 41
  Totenstadt des Königs Tu Duc ................... 41
  Die Anekdote von den Bananen ................ 41
  Grabanlage des Kai Dinh ......................... 43
  Über den Wolkenpass ............................. 44
  Danang und Museum de Chamkultur ......... 45
  Marmorberge ....................................... 46
  Was Vietnamesen komisch finden: ............. 48
  Hoi An ................................................ 49
**Markt in Hoi an und Thu-Bon-Fluss** ............. 51
  Markt am Fluss ..................................... 51

*Hunde zum Springen lassen*

Versammlungshäuser der Chinesen ................... 52
Auf dem Thu-Bon-Fluss ........................... 53
**Saigon** ............................................ 55
Und wiederum: Verkehrschaos ..................... 55
Kunststück Straßenüberquerung .................... 55
Chinesischer Markt von Saigon ..................... 56
Kriegserinnerungsmuseum von Saigon ............... 58
Graham Green: „Der stille Amerikaner" .............. 59
Doch, was war Saigon zur Zeit des Vietnamkrieges? ...... 60
Spaziergang „auf eigene Faust" ..................... 61
**Mekong-Delta** ..................................... 63
Abfälle ....................................... 63
Reisratten und Kokosratten. Süßwasserschlangen ......... 63
Hängemattencafés ............................... 64
Endlich am Mekong .............................. 64
Flussbesichtigung ................................ 64
Elefantenohrfisch ................................ 65
Noch ein bißchen Verkehr ... ...................... 68
Als Fußgänger in Saigon .......................... 69
**Cu Chi und der Ho Chi Minh Pfad** .................. 71
**Literatur** ......................................... 76
I. Reiseliteratur ................................. 76
II. Belletristik .................................. 79
**Religion und Geschichte** ........................... 82
Religion ...................................... 82
Heilige Tiere und heilige Pflanzen ................ 83
**Geschichte** ....................................... 84

**Kleines Vietnamlexikon** ............................ 92
Zum Blättern und Nachschlagen .................... 92

**Anhang** .......................................... 112
Worüber Vietnamesen lachen. ..................... 112
Die Versuchung ................................ 112
Darüber kann man nicht klagen .................... 112
Aus der Vietnamesischen Presse ................... 113
Stadtmärkte in Saigon ........................... 113
Kidnapping im Norden Vietnams
  (Vietnam News 13.4.2009) ..................... 114
Bushaltestellen (Vietnam News 16.4.2009) ........... 115
Bärengalle (aus BZ 13.5.2011) .................... 115
Pangasiusimporte nach Europa .................... 116
Nudelsuppe ................................... 117
Pho bo .................................... 117

# VIETNAM

Erster Tag

## Alt-Hanoi

Endlich in der Luft! Ich fragte mich, wie überstehe ich einen zwölfstündigen Flug von Frankfurt bis Hongkong, eingequetscht in enge Sitze ohne Beinfreiheit zum Vordersitz? Nun, es ging.

Nach kurzer Eingewöhnungszeit wirkte das Motorengeräusch im Inneren der Maschine einlullend. Als die Lichter ausgingen, schlief ich ein. Im Traum spazierte ein Huhn im Gang auf und ab und gab ein etwas merkwürdiges melodisches Gackern von sich.

Beim Aufwachen dachte ich, wenn schon Hühner im Flugzeug herumspazieren, dann ist Asien nicht mehr weit. Waren es vielleicht die Unterhaltungen chinesischer Landleute am frühen Morgen, die im Traum als Gackergeräusche zu hören waren? Schon gut möglich. Der fremde Singsang kitzelte mein auf fremde Töne gespitztes Ohr. Die Sonne stand rot am Himmel, als wir Hongkong anflogen.

Gewaltig, die Hallen im Flughafen von Hongkong.

Wir wechselten in eine Maschine der chinesischen Fluggesellschaft Dragonair, ein höchst komfortables Flugzeug mit viel Beinfreiheit.

In Hanoi empfing uns der Reiseleiter, ein Vietnamese, auf Deutsch. In einem Mittelklassewagen ging es auf einer toppmodernen Autobahn Richtung Hanoi Zentrum, ungefähr 30 Kilometer vom Flughafen.

Die Autobahn war fast leer. Der Fahrer gab Gas. Links und rechts der Straße herrschte Gesichtslosigkeit. Grüne Felder und alle paar hundert Meter riesige Werbetafeln, die für westliche Produkte warben. Autos, Immobilien, Bauland, Elektronik und so weiter.

Doch nicht lange, da tauchten am Straßenrand zu beiden Seiten äußert merkwürdige Häuser auf, schmal, hoch und fünfstöckig, fast so hoch wie die Häuser in Frankfurt. Sie bestanden aus grauen fensterlosen Betonplatten an der Seite, die Schauseite jedes dieser Häuser aber war grellbunt, ab dem ersten Stockwerk mit Fenstern über die ganze Breite, vor den Fenstern geschwungene Balkone, aus Schmiedeeisen oder Alabaster oder Marmor, und Säulen, teilweise im antik-europäischen Stil. Eher Tempelanlagen, als Häuser, hätte man meinen können. Im Gegensatz dazu wirkte das Erdgeschoss eher wie eine banale Garage oder Werkstatt, verrammelt mit einer Rolltür, um die Morgenstunde noch geschlossen. Ganz grotesk dazu, als Abschluss ein kurzes spitzes Giebeldach, völlig unproportional zum Baukörper.

Es gab viele solcher Häuser, eines bunter als das andere, und je näher zur Hauptstadt, desto dichter die Landschaft dieser hohen schmalbrüstigen Gebäude.
Allmählich schien das Leben in Gang zu kommen. Im Erdgeschoss wurden die Rollläden hochgezogen, die Menschenmenge wurde dichter, immer mehr Leute kamen heraus, ließen sich auf kleinen Plastikhockern nieder und nahmen an niedrigen Plastiktischen ihr Frühstück ein, tranken etwas oder verkauften Gemüse. Einige arbeiteten hinter Nähmaschinen oder schnitten im Freien Haare.
Auch die Bebauung verdichtete sich und immer mehr Menschen wuselten umher. Von den Straßenküchen stieg verlockender Dampf aus den Gartöpfen auf. Alle Leute schienen zu essen. Der Motorradverkehr nahm schlagartig zu, wurde hektischer, je näher Hanoi rückte. Bald kam auch eine Stahlbrücke in Sicht, wie von Gustave Eiffel gebaut. Hier wurde der Verkehr zum Gedränge. Mehrspurig reihten sich die Motorräder, von allen Richtungen strömten sie zusammen, und die bunten Helme der Motorradfahrer ließen an eine Armee denken, eine Armee, die unaufhaltsam ins Zentrum vorrückte. Das war die Armada der Händler, die ihre Waren in die Stadtmitte brachte. Da gab es immer mehr zu schauen: Motorräder bepackt mit prallen Reissäcken, mit Grasbüscheln, Eierstapeln, Waschschüsseln, Eimern, Eisenstangen, lebenden Schweinen, Fischen, Blumensträußen. Auf einem Hintersitz ein wackelndes Spalier mit Goldfischen, die in mit Wasser gefüllten Plastikbeuteln herumzappelten. Transportiert wurde alles, was Menschen überhaupt befördern können. Selten mal ein Auto oder einen Kleinlaster zwischen den Mopeds, ab und zu ein alter Mann auf einem Fahrrad, in Richtung Stadt strampelnd, der Dreck aus den Auspuffen wurde ihm in die Nase geweht. Die meisten Fahrer trugen einen Mundschutz, denn die Luft, das konnte man riechen, war verpestet. Da brauchte es nicht viel Phantasie, sich vorzustellen, wie sich die klebrigen Abgasschwaden auf Obst, Gemüse und Brote legen, die vor den Häusern angeboten wurden. Hier und

da, gleichberechtigt mit den Fahrzeugen, Fußgänger auf der Straße, hier und da eine grasende Kuh am Straßenrand. Überall Wasserpfützen. Es schien gerade geregnet zu haben.

Dann wieder die ewige Hondaschlange. Ganze Familien auf motorisierten Zweirädern. Kinder ohne Helm, auf dem Vordersitz, stehend auf dem Bodenblech oder als Wurst zwischen die Eltern eingekeilt. Hier und da schaute ein Kind wie ein Äffchen zwischen seinen Eltern heraus, verwundert oder ängstlich oder stolz, je nachdem.

Bald wurde die Gegend großstädtischer, mehr Stadt als Straßendorf. Villen aus der französischen Kolonialzeit tauchten auf. Seen und breite Fußgängerboulevards kamen in Sicht. Palmen, ein kleiner See mit einem Säulentempelchen in der Mitte. Das Ganze ein wenig wie Paris, sehr elegant, sehr schick. Auf breiten Trottoirs flanierten Leute, in Parks machten Tai-Chi-Gruppen ihre morgendlichen Übungen..

Unser Hotel lag nicht weit vom Ho- Chi- Minh Mausoleum. Hier war „schon Putin zu Gast " und hier konnten wir endlich ein paar Stunden Schlaf nachholen. Es war ein ruhiges Viertel und der Verkehr „wie weggezaubert". Man hörte nur das Rauschen des Wassers aus den Wasserschläuchen, mit denen die Straßen vom Staub befreit wurden.

# Viertel der 36 Zünfte

Am frühen Nachmittag ging es dann in das „Stadtviertel der 36 Zünfte". Im Gänsemarsch kämpfte sich die Gruppe den Weg durch den Motorraddschungel. Als „kleine Brigade können wir es wagen", meinte Herr Thai, der Reiseleiter, denn wir waren nur 14 in der Gruppe und im Vertrauen auf seine Erfahrung konnte die europäische Furchtsamkeit vor der asiatischen „Verkehrsanarchie" überwunden werden, und so schoben wir uns durch den hupenden, quietschenden, ratternden, stinkenden Verkehrsteppich, mal vorsichtig Ausschau haltend, mal blitzschnell huschend und links und rechts auf unseren Feind, den Verkehr lauernd. Sich durch diesen blechernen, stählernen, eisenhaltigen, bleiaushustenden Straßenwald zu schlagen, war ein gewöhnungsbedürftiges Abenteuer.

Dieses Viertel der „36 Zünfte" war ein Eintauchen in schieres Mittelalter! Hier hatte jede Straße ihre eigene Berufsbezeichnung: Da gab es eine Spanferkelgasse, eine Gasse der Fischsoße, eine Blechdosengasse, eine Bambusgasse, eine Sargmachergasse, eine Zinngießergasse, eine Wurstmacher- und viele andere Gassen. Ein Wust von Waren quoll in einem undurchschaubaren Durcheinander aus den zur Straße hin offenen Läden. Aus den Woks der Früh-

*Man lässt sich zur Suppe nieder*

stücksküchen, die sich auf den Bürgersteigen ausbreiteten, stieg der Kochqualm, aus den Kesseln für den Tee oder Kaffee entwich Wasserdampf, aus den Suppenschalen schlängelten sich dünne Rauchfahnen, und wieder, wie schon am Morgen, hockten die Leute wie Kröten auf winzigen Plastikschemeln und nahmen ihre Mahlzeit ein.
Suppe wird hier offenbar zu allen Tageszeiten verzehrt, kaum ein Vietnamese isst zu Hause, am liebsten werden die Speisen in Gesellschaft, in kleinen Grüppchen verzehrt. Jeder redet mit jedem, es geht sehr familiär zu. Kaum vorstellbar, dass Europäer sich so zum Essen hinab begeben würden wie die Vietnamesen, die mit ihrem Hosenboden fast die Straße berührten.
Durch das Gedränge schoben sich die Gassenhändler mit Waren aller Art, auf dem Kopf den Non, den typischen Hut der Vietnamesen. Einige Frauen balancierten Körbe an einer Stange, mit Bananen oder Kokosnüssen beladen. Immer wieder bekam man etwas angeboten. In Vietnam, heißt es, muss man das Essen nicht aufsuchen, es kommt zu einem, und das den ganzen Tag lang bis in die späten Abendstunden. Manche Frauen hatten nicht mehr als eine einzelne Kokosnuss oder eine einzelne Banane anzubieten oder eine einzige Dose mit Bier oder Cola, mehr besaßen sie wohl nicht. Die Art, wie sie die Banane oder das Bier feilhielten, wirkte stets scheu, nie aufdringlich, und es jammerte einen fast, dass man den Frauen nicht ständig eine Banane oder ein Bier abkaufen konnte, obwohl Herr Thai meinte,

falls wir uns bedrängt fühlen, sollen wir abwinken, denn „bestimmt versuchen sie, Ihnen auch noch ihren schönen spitzen Hut auf den Kopf zu machen, nur um etwas verkaufen zu können".
An den Straßenkreuzungen verflochten sich armdicke Strom- oder Telefonkabel zu unentwirrbaren Knoten.

## Hoan-Kiem-See und Jadeinsel

Nach einer Weile endete der Spaziergang an einem kleinen Stadtsee, dem Hoan-Kiem-See, quasi Zentrum der Stadt Hanoi. In der Mitte des Sees erhebt sich auf einer Insel der Tempel, der schon bei der Stadteinfahrt zu sehen gewesen war. Er war den Schildkröten geweiht, und es hieß, der See sei gespickt mit Schildkröten, die aber in dem trüben grützgrünen Wasser nicht zu sehen waren. Neben dem Kranich, dem Drachen und noch einem anderen Tier gehört die Schildkröte in Vietnam zu den vier heiligen Tieren in der chinesisch-vietnamesischen Mythologie.

Jede Bank entlang des Sees war von einem Liebespaar besetzt, das da steif wie in Beton gegossen saß, als wäre hier das Vorzeigen romantischer Gefühle tabu. Das hatte etwas berührend Sprödes! Als wäre es in diesem Land unschicklich, anders als denkmalähnlich auf einer Bank hingegossen zu sein.

Nach einer Weile tauchte eine rote Brücke auf Stelzen auf, sehr japanisch! Die führte über das grüne Wasser zur „Jadeinsel" und hatte den wohlklingenden Namen „Brücke zur aufgehenden Sonne." Hier war der „Jadebergtempel" zu besichtigen, zu dem man durch ein mit bunten Blumen und Tigern bemaltes Tor gelangte. Innen waren einige der Götter des Daoismus versammelt. Auch ein Gott der Literatur hatte hier seinen Sitz. Dazu auch ein General, der die Mongolen besiegte und dadurch zu einem Gott aufgestiegen war und entsprechende Verehrung beanspruchen durfte. Diesem war je ein rotes und ein schwarzes Pferd beigesellt, für sein Leben in der „anderen Welt". Besondere Kriegstaten machen es in einer flexiblen Ehrenhierarchie möglich, in den Rang eines Gottes aufzusteigen. In der Sache scheint das kein allzu großer Unterschied zu unserer Heldenverehrung zu sein, mit der Ausnahme, dass sich unsere „Götter" nicht so bunt und farbenprächtig präsentieren dürfen, sondern eher aus Eisen oder Bronze unter Grünspan auf irgendeinem Pferd hocken und „von hoch zu Ross" auf uns herabblicken.

Zurück auf der roten Brücke war ein junger Vietnamese zu beobachten, der mit Blicken ängstlich die Umgebung sicherte, um sich dann blitzschnell mit Hilfe einer Schnur eine Schildkröte aus dem See zu angeln, die er sich dann lebend in eine seiner Gesäßtaschen stopfte.

Nur der Kopf guckte noch aus der Tasche, ein komischer, beklagenswerter Anblick, und überhaupt, so mit der Heiligkeit einer kleinen Kreatur zu verfahren, was für ein Benehmen! Auf Nachfrage meinte Herr Thai, das sei zwar verboten, aber viele Verbote, die die Kommunisten im Land erlassen hätten, seien dazu gemacht worden, übertreten zu werden.

Mit anderen Worten, es sei völlig üblich, Schildkröten aus dem See zu angeln, eine Suppe daraus zu kochen oder sie an Touristen zu verkaufen. Da kam einem dann doch unwillkürlich der Gedanke hoch, dass die Europäer in vielen Ländern Asiens auf ihren Beutezügen die großen Schildkröten ausgerottet und auf Mauritius sogar den Dodo zum Verschwinden gebracht haben. Da war dem kleinen Schildkrötenräuber seine kleine Suppenschildkröte schon fast verziehen.

# Zurück im Gassengewirr

Zurück im Gassengewirr der Altstadt bot sich erneut Chaos in seiner reinsten Form!
In jeder Ecke waren die Trottoirs verstellt mit Suppen kochenden Familien, Hunden, Katzen, Drahtrollen, Geschirr, Kabel, Waren aller Art. All das floss wie ein Brei aus den Läden auf die schmalen Bürgersteige. Und auf den Gassen der Verkehrsbrei knatternder Motorräder, auch schwere Maschinen. Auf den am Rand abgestellten Hondas wurde debattiert, verhandelt, geschlafen. Um einzukaufen, stieg man gar nicht erst ab. Bei laufendem Motor wurden die Einkaufstaschen bepackt. Kleinkinder warteten auf dem Rücksitz, bis ihre Eltern mit dem Einkaufen fertig waren, inmitten dieser ganzen Pestilenz an Abgasen.

Aus allen Winkeln Hämmern, Klopfen, Schlagen, Rattern, Stampfen, Stoßen, Hupen. Da hinein mischte sich das Lachen und Reden der Leute. Lautsprecher brüllten Ordnungsparolen in die Menge, die kein Mensch wahrnahm. Auch das ein Beitrag zur Vielstimmigkeit der Straße! Wie hart sich das Vietnamesische gegenüber dem melodischen Singsang der Chinesen im Flugzeug nach Hongkong anhörte! Kein Gegacker wie dort, eher ein Knarren!
In einer anderen Gasse wurden aus großen Körben prall gestopfte Weißwürste in allen Formen und Längen dargeboten. In einer anderen Gasse gab es winzige Schnecken in ihrer harten Schale, die an kleinen Tischen ausgeschlürft wurden. Dazwischen Hunde, die aufschleckten, was zu Boden fiel.
Der Reichtum und die Masse an Obst und Gemüse lassen sich kaum zu Ende aufzählen, so viel wurde auf den Märkten, die sich Hunderte von Metern zwischen den Straßen ausbreiteten, angeboten: Mangos,

Maracujas, Bananen, Papayas, Ananas, Erdbeeren, Wasserpflaumen, Jackfrüchte, Bethelnüsse, Stinkfrüchte, Tomaten, glatte und schrumplige, Pflaumen, Zucchini, Gurken, winzige und riesenhafte und vieles mehr, was wir hier gar nicht kennen, in Formen und Größen, die es bei uns nicht gibt. Sind schon die südeuropäischen Märkte bunt und vielgestaltig, so muss man sich das hier alles noch bunter und noch vielfältiger vorstellen.

Manchmal lief ein kleines Kind aus einer Ladenöffnung, stellte sich an den Straßenrand, staunte und watschelte wieder in den Laden. Größere Jungs spielten mit den Füßen Federball, eine traditionelle vietnamesische Ballspielart.

## Am Abend

Wieder im Hotel, um alles zu verdauen. Abends dann gab es Essen in einem Nobelrestaurant in der Nähe des Diplomatenviertels von Hanoi. Hier war alles luxuriöse Gedämpftheit und irgendwie französischer Kolonialstil. Ein Gefühl wie in Frankreich. Auf den Tisch kam Tofu, gewürzt mit Zitronengras, dazu Wasserspinat, mit fünf (oder waren es zehn?) Knoblauchzehen, gut genießbar, wenn der Spinat auch reichlich fremdartig schmeckte und eher an Entenfutter denken ließ.

Das Bier der Marke Tiger, das selbst in einem piekfeinen Lokal wie diesem in Büchsen serviert wurde, war süffig. Nachdem alle zufrieden gestellt waren, trat eine vietnamesische Musikgruppe an den Tisch und wartete mit Gesang und Xylophon auf. Unbekannt bei uns die Kastengitarre, mit rechteckigem Klangkörper, auf welcher ein junger Vietnamese, wohl ein Student der Musikhochschule, sehr reizvolle Töne produzierte. Die Qualität der Musikvorführung war „vom Feinsten".

Nachdem die Musiker ihre Kunststücke beendet hatten, wurden auf den Tischen Andenken verkauft, vietnamesische Püppchen und Kleinstxylofone in der Form von kleinen Hängebrücken, die man an einem kleinen Tischständer einhängen und mit Klöppeln bedienen konnte. Zum Schluss spielte die Gruppe „Hänschen klein…" und „Horch, was kommt von draußen rein!"

Beim Verlassen des Lokals winkte eine vietnamesische Großfamilie herüber, die an einem langen Tisch ein Fischgericht verspeiste. Der ganze Tisch war von prächtigen Fischen eingenommen, die in einem Bett aus Gemüse auf silbernen Schalen sich den Menschen vor ihrer Reise in den Kreislauf der ewigen Reproduktion alles Lebendigen hingaben.

# Was blieb hängen?

Abends ließ ich die Eindrücke des ersten Tages Revue passieren: Was blieb hängen? Die hohen schmalen Häuser mit den schrillen Fassaden und den kahlen Betonwänden an der Seite, das quirlige Leben am Straßenrand. Die motorisierte Armee der Zweiradfahrer mit den bunten Helmen, und die Jugendlichkeit der Menschen, die hier sofort ins Auge sticht. Der Gleichmut auf den Gesichtern, mit dem sie alle vorwärts strebten, irgendeinem Ziel zu, und wenn es nur das eine Ziel war, irgendein Grasbüschel für eine Ziege oder eine Papaya an einen Kunden zu verhökern.

Hatten die Bewohner dieser Stadt irgendein Gefühl dafür, was da an Schwefel und Blei täglich inhaliert wird? Für die Rationen an Gift, welches die Kinder täglich schlucken? Gut, manche trugen Mundtücher gegen die Abgasschwaden, viele aber eben auch nicht. Das normale Leben, so wie es sich einem ersten Blick darbot, strömte dahin oder dorthin oder von daher oder dorther, wohin auch immer und woher auch immer, wer konnte das wissen?

Irgendwie wirkte dieses ganze Fließen und Fahren und Schieben und Geschobenwerden auf den Straßen so sinnlos, so leer, obwohl, kann man das sagen? Blickt man da hinein? Besonders, wenn man nur als Zaungast hier ist? Bestimmt nicht! Überhaupt gar nicht! Nach den Eindrücken des ersten Tages bestimmt sowieso nicht! Aber da war im Gegenteil zur Stupidität der endlosen Motorradschlangen in den Gesichtern etwas Fröhliches, Junges, Aufstrebendes, fröhlich wie die Häuser, farbenfroh wie Obst und Gemüse, poppig wie die Helme, die im Krieg, der ja gar nicht so lange zurückliegt, anders ausgesehen haben mochten. Und etwas Zugewandtes, Geselliges, was ein gutes Gefühl verschaffte und keinen Platz für auch nur einen Anflug von Klischee ließ.

Nachts träumte ich von einem riesigen Gedränge, überall waren Menschen, ich boxte mich durch, vorbei an Motorrädern, an Fahrrädern, auf denen winzige Vietnamesen baumlange und kiloschwere Amerikaner beförderten. Ich stieg über essende Vietnamesen, immer auf der Hut, den Anschluss an die 14-teilige Schlange aus Europa nicht zu verlieren.

*Der kleine „Spürhund"*

# HANOI, HALONGBUCHT UND ZURÜCK

Zweiter Tag

## Ho-Chi-Minh Mausoleum

Heute Morgen war es ruhig. Kein Hupen, kaum Menschen auf den Straßen. Ein Angestellter der Stadtreinigung stand vor dem Hotel und spritzte die Straße mit einem Schlauch ab.

Das „Ho-Chi-Minh Mausoleum" befindet sich in dem Viertel von Hanoi, in dem die meisten Kolonialbauten der Franzosen stehen und in Laufweite von unserem Hotel. Es ist nichts mehr als ein grauer viereckiger Klotz aus Beton. An der Vorderseite oben in großen roten Druckbuchstaben: Ho Chi Minh. Darunter ein Schriftzug, ebenfalls aus Druckbuchstaben:
„Nichts ist wertvoller als Unabhängigkeit und Freiheit". Ein Zitat von Ho Chi Minh. Das er so oder auch nicht so irgendwann oder irgendwie einmal gesagt hat.

## Über Ho Chi Minh

Ho Chi Minh sammelte seine Erfahrungen als künftiger Führer der kommunistischen Revolution Vietnams zunächst beim radikalen Flügel der französischen Sozialisten, die sich 1920 zu der kommunistischen Partei Frankreichs zusammenschlossen. Zusammen mit seinen in Paris lebenden Landsleuten gründete er die „Assoziation der Anamnitischen Patrioten". Ziel dieser Vereinigung war der Kampf gegen den Kolonialismus, der sein Heimatland zerfraß und in dem er den Hauptverursacher einer bei der Ausbeutung und Zerstörung seines Landes erkannte. Nach Schulungen durch die Komintern in Moskau gründete er im Jahr 1930 die Kommunistische Partei Vietnams. 1930 verhaftete ihn die britische Polizei, aber ihm 1932 gelang die Flucht nach China, von wo aus er den Widerstand gegen die französische Kolonialbesatzung organisierte. 1941 – zurück in Vietnam – gründete er die Viet Minh, die Liga für die Unabhängigkeit Vietnams, deren führender Kopf er wurde. Unter seinem Mitstreiter General Vo Nguyen wurden die Viet Minh zu einer höchst effektiven Guerillatruppe ausgebaut, welche im August 1945 Hanoi eroberte. 1946 von den Franzosen aus Hanoi wieder vertrieben, wurde Ho Chi Minh Führer der Exilregierung, die er von Cao Bang aus leitete. Erst 1954 gelang es ihm, sich endgültig in Hanoi zu etablieren. Im Vietnamkrieg wurde er zum Leitstern des Kampfes gegen den Imperialismus. Er erlebte das Ende des Vietnamkriegs nicht mehr. Er starb am 2. September 1969.

Auf dem Platz vor dem Mausoleum befinden sich auch das Ho-Chi-Minh-Wohnhaus und der Botanische Garten, sowie der Präsidentenpalast.

Der Besuch des Mausoleums verlief, durch die Behörden organisiert, nach einem festen Raster:

Als erstes sammelte Herr Thai unsere Fotoapparate ein. „In the line, in the line!" drängelte ein Wärter und schob uns in die Warteschlange, die sich kerzengerade wie ein Lineal auszurichten hatte. Zusammen mit einer Kindergartengruppe bewegte sich das „Wartelineal" vorwärts.

Die Kindergartenkinder, ganz in Orange gekleidet, fassten sich an den Jackenzipfeln, die sich wie Entenpürzel aufrichteten. Mit weißen Franzosenkäppis auf den akkurat geschnittenen Köpfen reihten sich dahinter auch die Jungen Pioniere ein, und am Schluss der Schlange die Kriegsinvaliden, alte Männer in grauen Schlafanzügen.

Beim Betreten des Baus verstummte jedes Geflüster. Innen war es eisig, ja, im wörtlichen Sinn, grabeskalt. Jeder Versuch, ein Wort zu sagen, wurde von einem Wärter in Uniform sofort unterbunden.

Vor uns humpelte ein alter Vietkongkämpfer in Kampfuniform, den Tropenhelm auf dem grauen Kopf und an den Füßen die obligatorischen Badelatschen, wie sie jeden zweiten vietnamesischen Fuß zieren.

Als es dann an die Umrundung der einbalsamierten Leiche von Ho Chi Minh ging, der klein und gelb in einem offenen Sarg lag, brach der Mann weinend zusammen. Sofort kamen zwei Wärter angerannt, hoben den Alten vom Marmorboden auf und geleiteten ihn, dessen Tränenstrom nicht enden wollte, ins Freie. Hier vernahmen wir noch sein lautes Schluchzen. Dann verschwand er in Richtung Botanischer Garten.

Im Botanischen Garten Kioskstände und Parkbänke. Große Gruppen von Mausoleumsbesuchern verteilten sich im Gras, Jungpioniere schleckten Eis, Kindergartenkinder hopsten herum, und die Veteranen ließen sich auf Holzbalken nieder, streckten ihre Beine aus, frischten gegenseitig ihre Heldentaten auf. Wahrscheinlich. Die Stimmung war entspannt wie bei einem Sonntagsausflug. Und man hatte Onkelchen Ho seine Ehre erwiesen.

Es war verdammt heiß. Weit über 30 Grad. Die Dose mit Eistee, die ich mir am Kiosk besorgt hatte, ließ sich nicht öffnen, weil die Lasche abriss. Im Hotel bemühte sich das Personal um meine Dose. Gleich vier Angestellte kümmerten sich um das Problem. Die Damen vom Empfang versuchten, mit dem Hotelschlüssel auf den Deckel zu klopfen, doch die Kraft der kleinen Frauen reichte nicht aus, um ein Loch in den Blechdeckel zu schlagen. Da kam ein Mann mit einem Hammer, schlug mit diesem auf den Schlüssel und mit einem „Kling" war ein Loch geschaffen, so groß, wie es nötig war, um den Trinkhalm hineinzustecken. Der Tee schmeckte köstlich.

*Der alte Kämpfer vor dem Ho-Chi-Minh Mausoleum*

# Literaturtempel

In kurzer Entfernung zum Hotel lag der „Literaturtempel", in Hanoi ein heiliger Ort konfuzianischer Bildung.
Diese Tempelanlage, mehrere Höfe und Tore umfassend, wurde von König Ly Thanh Tong im Jahr 1070, dem Jahr des Beginns des Staates Vietnam, zu Ehren des Religionsgründers Konfuzius errichtet.

In jedem Hof ein Wasserbecken, wieder mit diesem grützgrünem Wasser, in dem es von Schildkröten nur so wimmelte. Schon zwei Jahre nach der Gründung wurde die Anlage zur Kaderschmiede für die Ausbildung junger Mandarine erweitert und danach zu einer Universität für die Führungsschichten ausgebaut. Ab dem 15. Jahrhundert gab es hier schon eine Art Numerus Clausus. Die Studenten wohnten und studierten hier für die Dauer von drei Jahren. Hier wurde vorwiegend Wissen gebüffelt und abgeprüft. Neben dem Auswendiglernen von konfuzianischen Klassikern und offiziell zugelassenen Literaturkanons verfassten die Studenten auch literarische Texte und schrieben Gedichte. Nur die Besten erhielten den Doktortitel. Noch bis 1915 wurden hier junge Mandarine für den Erhalt des Doktortitels geprüft.
Rätselhaft muteten in den überdachten Wandelgängen die langen Reihen von steinernen Schildkröten an, die große, ungefähr zwei bis drei Meter hohe Steintafeln auf dem Rückenpanzer trugen. Auf diesen waren die Namen der fleißigsten Studenten eingraviert. Es han-

*Die Schildkröte – Symbol der Beharrlichkeit*

delte sich um sogenannte „Ehrentafeln". Die Schildkröten repräsentierten als Symbole für Fleiß und Ausdauer im Studium, Symbole einer bildungsbeflissenen Gesellschaft. Auch die Bezeichnungen für die Tore und Wasserteiche gaben dem Erfolgsstreben Ausdruck:
Da gab es den See der Literatur, das Tor des Erworbenen Talents, das Tor der Gewonnenen Tugend, den Teich der Quelle des Himmlischen Lichts, das Tor des großen Erfolgs, das große Haus der Zeremonien, die Halle des Großen Erfolgs, den Rastplatz der Beamten.

Aus der Zeremonienhalle, einem der hinteren Gebäude, schimmerte zuletzt die Figur des Konfuzius, des „Lehrers der 1000 Generationen" aus einer Stoffdrapierung goldglänzend und streng hervor. Je an einer Seite vor ihm Kraniche auf dem Panzer einer Schildkröte stehend. Schildkröten sollten wir später noch auf Schritt und Tritt begegnen. Diese im Buddhismus heiligen Tiere stehen für Weisheit und der Langlebigkeit. Michael Ende lässt mit seiner Unendlichen Geschichte grüßen.

Auch auf den Treppen der Wasserbecken hingen in Meditation erstarrte Schildkröten herum. Kleinere Schildkröten sonnten sich, mit den hochaufgerichteten grüngestreiften Köpfchen und der orangeroten Augenzeichnung wirkten sie wie wahre Sonnenanbeterinnen. Auf den Dächern der Tore reckten sich steinerne Karpfen in die Höhe, in dieser Pose wie erstarrt, im Todeskampf am Angelhaken. Auch das war erklärungsbedürftig, warum die ihre Oberteile so himmelwärts reckten.

Aber auch dafür gab es eine Erklärung: Die Karpfen sind die Sieger im Wettbewerb der Fische. Nur sie schaffen es, ihr Element, das Wasser zu verlassen. Während jeder Fisch außerhalb des Wassers binnen Kurzem verendet, schafft der Karpfen das. Ihm allein, als Fleißfisch gelingt es durch sein unentwegtes Bemühen, auf das Dach des Tempels zu springen und das Unmögliche möglich zu machen. Soziologisch gesprochen, selbst ein Schollenbauer kann es zum Mandarin bringen, wenn er seinen Konfuzius lernt. Tja, wie überall auf der Welt gilt auch hier der Römerspruch: „Per aspera ad astra!" und hören wir nicht unseren Goethe flöten? „Nur wer strebend sich bemüht, den können wir erlösen?" Nur, vielleicht wäre der Karpfen doch lieber unerlöst in seinem Teich umhergepaddelt. Auch da wäre er über seine wahre Natur hinausgewachsen und hätte wenigstens im Wasser bleiben können.

Aus einem der Tempel drang der Duft von Räucherstäbchen. Gelb und orange gekleidete Frauen übten Tempeltänze ein. Dazu wurde ein Film gedreht. Ein paar Frauen zündeten mit einem Feuerzeug Lotosblumen aus Kerzenwachs an, die ein schmales Rauchsäulchen nach oben sandten.

# Auf der Straße nach Halong

Als die Gruppe nachmittags die Stadt verließ, wurden die Digitalkameras gezückt. Da rief einer im Bus: „Ein Schwein auf dem Fahrrad!" und kaum wollte man schauen, war das Schwein schon außer Sicht. Und ein anderer rief: „Eine Kiste voll lebender Enten auf dem Gepäckträger!", verdammt, wieder reichte die Zeit nicht, um die Szene festzuhalten.
Der zitronengelbe Stöckelschuh, mit dem eine junge Vietnamesin auf ihrer Honda fuhr, wollte fotografiert werden, aber zu spät, da war sie mitsamt ihrem modischen Schuh schon entschwunden! Zwischen hundert bunten Badelatschen, in denen die Vietnamesen an uns vorbeirauschten, tauchte immer wieder mal ein besonders eleganter Schuh mit Pfennigabsatz auf, der mit Leichtigkeit und Negligeance auf die Gaspedale trat. Ein Ausdruck wirtschaftlichen Frühlings in Vietnam?

# Baguetteschlange

Am Stadtrand von Hanoi tauchte die Rote Brücke auf, eine Konstruktion aus der Kolonialzeit, von Gustave Eiffel erbaut.

Doch welch merkwürdige Erscheinung bot sich da mitten im Schwerlastverkehr, mitten auf der Straße? Wir dachten zuerst an eine Fata Morgana: eine mitten in den Schwerlastverkehr versetzte Bäckereischlange, ein in die Großstadt versetztes Landidyll! Es waren Frauen mit ihren Brotkörben. Mehrere hundert Meter, ja vielleicht sogar einen Kilometer lang war die Reihe der Brotverkäuferinnen! In den Körben, zu Türmen fein säuberlich aufgeschichtet, französische Stangenbrote. Aber, wer um Gottes Willen, würde anhalten, mitten auf der Straße vom Motorrad steigen und eine Stange Brot kaufen? Zu dieser Morgenstunde sahen wir niemanden, der den Frauen Brot abkaufte. Die Frauen hockten neben ihren Brotkörben, seelenruhig, auf dem Kopf den Non, den vietnamesischen Hut und irgendwo am Straßengraben daneben das Fahrrad, auf dem sie ihren Korb hierher verfrachtet hatten.

Herr Thai meinte, dass die Vietnamesen ganz „verrückt" nach französischen Baguettes seien, einem Mitbringsel der Franzosen aus der Kolonialzeit. Und nur so war diese lange Weißbrotstrecke, mitten auf der Straße an der Ausfahrt von Hanoi, zu verstehen.

Der Ausstoß an Blei und Diesel war beträchtlich. Dazu ununterbrochene Hupkonzerte, um ein Auffahren auf den Vordermann zu verhindern. Gefragt, was der Preis für die ständige Inhalation von Blei und Schwefel sei, gab Herr Thai eine präzise Antwort: „Bronchitis ein Leben lang!". Da erst fiel auf, dass er beim Sprechen schwer atmete und sich ständig räuspern musste und dass er dauernd bemüht war, seinen starken Husten zu unterdrücken. Doch das schien er anscheinend locker zu nehmen, und lässig bemerkte er: „Mit Antibiotika kein Problem!" Er habe jedes Jahr eine Bronchitis und die kuriere er jedes Jahr mit Antibiotika aus. Eine Pause machen? Sich ins Bett legen? Sich schonen? Nein, das kenne er nicht. Es sei für ihn normal, mit einer starken Bronchitis zu arbeiten. Dazwischen gehe er immer wieder zum Arzt und lasse einen Check machen. Nicht zu arbeiten, nicht im Traum wäre daran zu denken; das wäre das Aus für ihn und seine Familie.

# Häuserschlange

Die Strecke nach Halong war fast vollständig zugebaut: eine Neubausiedlung nach der anderen, längliche Kisten aus Beton mit Schauseite. Stilrichtung: Freistil, jeder, wie es ihm gefällt, ein Haus bunter als das andere. Viele dieser Häuser waren gar nicht bewohnt, von Spekulationsgesellschaften hochgezogene Geisterstädte, zum Teil in rohem Beton, unverputzt, noch nicht einmal fertiggestellt. Vor einigen Häuserreihen hohe Bauzäune. Wie in Spanien. Es wurde

gebaut, das Geld reichte nicht, und die Bautätigkeit wurde eingestellt. Viele dieser Kästen waren schlecht belüftet, von miserabler Bausubstanz und schon während der Fertigstellung defekt und marode.
So hässlich und verschandelt die Strecke, so aufregend dafür der kurze Blick auf das Alltagsleben der Vietnamesen: da spielte eine Blaskappelle bei einer Beerdigung, hier graste eine Kuh vor dem Fabriktor einer modernen westlichen Industrieanlage, da spazierten Kinder in Entenformation am Straßenrand, die Schulränzchen auf dem Rücken. Immer dichter wurden die Ansiedlungen, ballten sich zu ganzen Ortschaften zusammen, die wir in Europa längst Städte nennen würden. Dann kam plötzlich ein beißender Geruch nach Kohlenstaub auf, die Leute auf der Straße trugen Mundtücher bis zu den Augen hoch: Wir durchquerten eine Gegend, in der Kohle abgebaut wurde. Die Häuser starrten vor Schmutz.

## Unterwegs auf dem Bauernmarkt

In dieser dreckstarrenden, unansehnlichen Agglomeration auf dem Weg zur Halongbucht bog der Bus ziemlich unvermittelt auf einen Bauernmarkt ab. Aus runden Körben hing stinkendes Fleisch, es gab keinen Wasseranschluss, und die Leute mussten das Wasser aus Flüssen nehmen und abkochen. Herr Thai meinte, die Bewohner würden auch das Flusswasser zum Trinken nehmen, mit der unangenehmen Folge, dass 70 Prozent der Vietnamesen, vor allem Kinder, Probleme mit Würmern hätten.

Auf der Fleischabteilung des Marktes wurde hier nicht gelogen: es gibt hier keine Fleischstücke wie in der Schweiz, zartrosa und appetitlich angerichtet. Hier ist das Fleisch ehrlich: man sieht immer das *ganze* Tier, z.B. Hühner, die aufgeschnitten auf dem Rücken liegen mit dem gelben Dotter im aufgeschlitzten Bauch, die Krallen in die Höhe gereckt, ein ganzer Wald von Hühnerkrallen, gelb und unappetitlich. Erbärmlich und weit aufgerissen sahen uns die Hühneraugen tot aus den gerupften Köpfen an.
Inmitten ihrer Waren hockten die Marktfrauen, der Markt, ein Lebensplatz. Wir passierten Stände mit Fischen, Fleisch, Reis, Nüssen, Gemüse, Obst. Keiner von uns griff zu. Das ist für mich einer der Widersprüche europäisch-asiatischer Begegnungen hier auf dem Land. Die Leute sind auf das Geld angewiesen und die Touristen aus Europa kaufen nichts. Sie kommen nur zum Schauen, sie fürchten sich vor Bazillen. Die geschälten und so appetitlich leuchtenden gelben Ananaskugeln, die doch einem Westler frisch und unverdächtig erscheinen müssten, liegen in Schüsseln mit abgestandenem

Schmutzwasser. So sehen sie frisch aus und sind es doch nicht, zumindest nicht für europäische Mägen. Schon mit einem Bissen könnte man sich hier die grässlichste Magenverstimmung holen. Herr Thai reichte jedem eine von den kleinen gelben Süßbananen zum Kosten und gab die Anweisung, wie man sie fachmännisch öffnet, nämlich immer von der Mitte aus, und die Spitzen vorsichtshalber weglassen, denn es könnten Keime dran sein.

Wie wurden wir angestarrt, als wir die Bananen verzehrten! Wie Exoten! Und immer wieder streckte uns ein verschrumpeltes Mütterchen eine Kokosnuss bittend vors Gesicht. Doch keiner nahm ihr auch nur eine einzige ab, und sie hatte ja nur diese eine.

Am Ausgang des Marktes hockten Losverkäufer, auch sie mit Mundschutz. Einer von ihnen, den Kampfhelm gegen die Hitze auf dem Kopf, saß hinter einem kleinen Tisch und verwaltete die vielen bunten kleinen Zettel, die Glück verhießen. Um ihn herum schliefen Männer auf ihren Hondas. Am Boden hockten Frauen auf Decken und verkaufen Spielzeug. Andere schabten mit Messern an rohen Tierkeulen herum oder schälten Gurken.

Wieder auf der Straße, setzte ein leichter Sprühregen ein, alles in der Umgebung wirkte grau und schmuddelig. Überall setzte sich der Kohlestaub fest, und Herr Thai meinte, dass er die Betten, die Bettwäsche, die Tischdecken und alles verschmiere. Man könne in dieser Gegend eigentlich jeden Morgen das Bett überziehen, am Abend sei es schwarz. Das komme einer Umweltkatastrophe gleich und sei eine große Gesundheitsgefahr für die Bevölkerung hier.

# Halong-Stadt

In Halong-Stadt war das Wetter diesig und bald breitete sich überall Nebel aus. Die Uferpromenade wirkte europäisch gepflegt. Ein Luxushotel reihte sich ans andere. Und dann die Bucht! Das Bild der Bilder, so oft in Reiseprospekten gesehen! Die Felszackenbucht von Halong mit den aus dem Meer herausragenden Felsbrocken, als wenn Riesen ganze Berge ins Meer gepfeffert hätten. Im Nebel wirkte das Meer mit den Berginseln gespenstisch, wie auf einer Tuschzeichnung, schwarz, grau, weiß und unwirklich.

Der Strand, eine Art vietnamesisches Titisee. In einer Pizzeria gab es sogar „penne alla puttanesca", „Hurenstinkernudeln, italienischer Sardellengusto an der Bucht von Tongking, das war Urlaub pur, nach all dem „Straßencharme" auf der Straße von Hanoi nach Halong, wo wir doch grüne Reislandschaften und bäuerliche Idyllik der Reisfelder erwartet hatten.

# HALONG-BUCHT

Dritter Tag

An der Anlegestelle: reges Treiben. Die Schiffe: elegante Großkähne aus Holz von solider Bauart. Der Ort: ein globales Dorf, ein Weltplatz. Touristen aus der ganzen Welt wollen in die geheimnisvolle Welt der Karstberge von Halong eindringen. Die Verwaltung des Schiffsverkehrs, scheinbar perfekt durchorganisiert.

Die Reiseleiter führten ihre Gruppen zum jeweiligen Boot, für das sie eine Nummer gezogen hatten. Es warteten schon viele Gruppen auf dem Steg. Auf dem Wasser verkehrten neben riesigen Dschunken auch kleine bunte Fischerboote. Die sehr auf Touristen ausgerichteten Dschunken, geräumige Töpfe mit gelben Segeln, waren für mehrtägige Fahrten ausgelegt. Für unsere Gruppe war ein braunes Schiffe aus Teakholz reserviert, das um die 100 Personen fasste. Innen befand sich ein kleiner Raum mit Rattantischen und Rattansofas, auf dem Oberdeck einfache Holzbänke.

Der Kapitän war schon mit der Zubereitung des Mittagessens beschäftigt. Auf den Tischen lagen auf frisch gestärkten Tischdecken die üblichen Souvenirs: Stickereien, Schnitzereien, Perlenketten. Man konnte in Ruhe darin wühlen. Da es angenehm warm, aber nicht *zu* warm war, gingen alle auf die Decks und richteten erwartungsvoll ihre Digitalkameras in den Nebel.

Mit Motorengeratter näherte sich ein kleines buntes Fischerboot unserem Schiff. Darin eine Frau mit zwei Kindern. Sie kam ganz nah an unser Schiff; fast schien es, als wolle sie unseren „Kahn" entern. Doch stellte sich schnell heraus, dass sie lediglich ein Pfund Bananen loswerden wollte. Doch als niemand Interesse zeigte, löste sich das kleine Fischerboot wieder von unserer Seite, fiel ab wie eine welke Knospe.

Das war für die kleine Familie nicht weniger vergeblich als für das Mütterchen in Hanoi, das eine Kokosnuss an den Mann bringen wollte, für die es vielleicht 50 Kunden angesprochen hatte. Die Frau in dem Boot konnte ja nicht ahnen, dass wir uns schon zum Frühstück mit Melonen, Papayas, Drachenfrüchten und Ananas vollgestopft hatten.

Die Einfahrt in das Wasserfelsengebiet war grandios. Das Schiff musste zwei hohe Felsen passieren, um in das Gebiet der „Drachenzähne" (so heißen in der Volksmythologie die Inseln der Bucht) einzufahren. Dahinter eröffnete sich eine Landschaft von 3000 Inseln und Inselchen, eine wahrlich „verhexte, verzauberte Landschaft!" Für einen kurzen Moment kam bei dem düsteren Nebel, der nur Andeutungen schuf, eine Assoziation an den Dantes Hölle hoch: O voi, chi entrate lasciate ogni speranza!.... oh, Ihr, die ihr eintretet, lasst alles Hoffnung fahren!", denn die Einfahrt durch zwei steile Felspforten war wirklich ein bisschen so, wie es Dante im „Inferno" beschrieben hat.

Angesichts der Grandiosität dieser Landschaft schwelgen die meisten Beschreibungen in Reiseführern in Superlativen. Viele dieser steilen Inseln sind vollständig bewaldet und manche von ihnen haben spektakuläre Grotten, die man durchwandern kann. In einige von ihnen gelangt man nur per Kajak, ein Vergnügen, das uns leider versagt blieb, da wir nur die Halbtagestour gebucht hatten (vgl. Anmerkung zu Ende des Berichts über die Halongbucht). Im französischen Reiseführer von Gallimard gibt es eine schöne Beschreibung dieser Landschaft, in der die Verwunschenheit, die Irrealität dieser Weltgegend herausgehoben wird:

Dans la baie de Halong..."s'égrènent près de trois mille îles, îlots et récifs karstiques truffés de cavernes, qui surgissent de la mer telles d'étranges sculptures. Certains culminent à 400 m, et la plupart sont frangés de vastes plages désertes de sable blanc. Les sampans et les jonques qui glissent silencieusement sur les eaux transparentes renforcent cette impression d'irréalité. Seule une quinzaine d'îles sont habitées en permanence, les autres ne sont animées que par des colonies de singes ou d'oiseaux." (Vietnam. Bibliothèque du voyageur. Gallimard 2006, S. 180)…

„In der Halongbucht reihen sich an einer Kette an die dreitausend Inseln, Inselchen und Karstriffe auf, gespickt mit Höhlen. Sie tauchen aus dem Meer wie sonderbare Skulpturen. Einige messen bis zum Gipfel 400 Meter und die meisten sind umrandet mit weiten verlassenen Stränden von weißem Sand. Ruhe ausströmend, glitzern die Sampane und das Schilfdickicht auf dem kristallklaren Wasser, was den Eindruck von Unwirklichkeit noch verstärkt. Nur ungefähr 15 Inseln sind dauernd bewohnt, auf den anderen leben Kolonien von Affen und Vögeln (Vietnam: Bibliothek des Reisenden". Gallimard 2006, S. 180, übersetzt von der Verfasserin dieses Reiseberichts).

Jede dieser Inseln trägt eine schmückende Bezeichnung wie z.B. „Kämpfender Hahn, Kniende Frau, Steinerner Fisch". Um jede Insel und jedes Inselchen spinnt sich eine eigeneLegende.

Nach einer Weile kamen die die „schwimmenden Dörfer" in Sicht, die sich aus dem Grau der Felslandschaft bunt abhoben. In diesen Dörfern fehlte nichts: es gab alles, was ein Dorf ausmacht:

## 26 Halong-Bucht

*Die schwimmenden Dörfer*

Lebensmittelgeschäfte, Wohnhäuser für die Fischer, eine Sparkasse, eine Post, eine „Müllabfuhr". Auf dem Wasser kurvten Boote mit den Waren für den täglichen Bedarf. Frauen bereiteten in den Booten die Mahlzeiten zu, es qualmte, dampfte und rauchte aus den Tiegeln und Töpfen. Kinder tollten herum, auf den Stegen spähten Hunde ins Wasser, Wachhunde, welchen man, wenn sie alt waren, aber nicht so alt, dass ihr Fleisch nicht mehr genießbar war, das Fell über die Ohren zog, sie kochte und dann verspeiste.

Kein Vietnamtourist verlässt die Halongbucht, ohne „die Grotte der Überraschungen" vorgeführt bekommen zu haben, eine Tropfsteinhöhle, innen kitschig in Spektralfarben ausgeleuchtet und von einem kleinen „Wanderweg" durchzogen. An vielen Stellen bildeten die Tropfsteine kleine „Wälder" wie von Giotto gemalt, manche Formationen schauten herunter in der Art kantiger und markanter Philosophenköpfe. Das ganze hätte auch als Bühnenbild bei den Bregenzer Festspielen herhalten können.

Nach dem Besuch gab es auf dem Boot ein nur mäßig schmeckendes Essen, zubereitet aus schon altem Fett. Es schmeckte, als ob Mac Donalds das Öl für die Fritten nur einmal in der Woche wechseln würde. Thai hatte das Essen auf dem Schiff doch ein wenig zu vollmundig angepriesen. Und statt dass alles gleichzeitig auf den Tisch kam, stellte der Koch die Bestandteile des Menus nacheinander auf den Tisch, ganz im Gegensatz zu sonstigen vietnamesischen Essensgepflogenheiten. Zuerst kam das Schweinefleisch, dann das Hühnerfleisch, gefolgt von Krabben, die uns mit ihren roten Warnaugen fast wütend aus den Tellern ansahen, dann Tintenfischringe, dann Kartoffelscheiben, die im Fett ertranken, schließlich geröstete Erdnüsse, dann in Reispapier gewickelte Frühlingsrollen ohne Salz, ohne Pfeffer, ohne sonstige Gewürze. Das einzige Gewürz, das dazu gereicht wurde, war ein klebriges Schälchen Sambal Olek. Kurz, es war ein Tourifraß der gewöhnlichsten Sorte. Alles troff von fettem Altöl, und der ranzige Geschmack blieb hinterher noch Stunden im Mund.

Einige aus unserer Gruppe wollten wissen, wie denn die Kinder hier zur Schule gehen? Offensichtlich gibt es hier eine „schwimmende Schule", in die die Eltern ihre Kinder nur halbherzig schicken würden. Doch nach ein paar Wochen sei die Schule für die Kinder nicht mehr interessant und den Eltern sei das egal, sie würden auf die Kinder keinen Druck ausüben, denn Kinder erlernen die praktischen Fähigkeiten, die sie für das tägliche Leben brauchen, von ihren Eltern und müssen dafür nicht beschult werden.

Mit sechzehn Jahren, schon längst nach Hanoi „ausgewandert", würden die dann Jugendlichen sich beklagen, dass sie den Texten in den Karaokebars nicht folgen könnten und sie müssten sich dann gegen Geld alphabetisieren lassen, was dann schwer sei.
Die Halongbucht, ein Traum? Etwas nach unserer Reise schien sich für den internationalen Tourismus der Höllenspruch Dantes zu bestätigen: „Ihr, die ihr eintretet, lasst jede Hoffnung fahren!" Ein Touristenboot sank mit zwölf Passagieren aus unterschiedlichen

*Halongberge im Nebel*

Ländern auf Grund. Alle Touristen kamen dabei ums Leben. Die Passagiere waren im Schlaf vom Auseinanderbrechen des Schiffes überrascht worden, die Opfer ertranken in den Kabinen.

# Wieder an Land, wieder Verkehr

Zurück an Land in Richtung Hanoi ging die Fahrt erneut an endlosen Siedlungen und Eisenbahnschienen entlang. Wieder wurde deutlich, dass die Gegend zwischen Hanoi und Halong ein einziges zusammengebautes Straßendorf ist, nur selten durch kleine, giftig grüne Reisfelder unterbrochen. Die ganze Strecke ein Industrie- und Immobiliengebiet, die Menschen und ihr Treiben ein „schmutziger" Schaum entlang der Straße. Hardware-Software.
Überall am Rand Bananenverkäuferinnen in ihren Lampenschirmhüten, darauf wartend, ihre Bananenbündel loszuwerden. Der Verkehr strömte nie gleichmäßig, da und dort wurde mitten auf der Straße ein havarierter LKW repariert und der Schwerlastverkehr raste ungerührt daran vorbei. Einzelne Kühe sah man, die von einem Bauern oder einer Bäuerin am Strick durch das Reisfeld gezogen wurden. Oder sie rupften – ungerührt der Folgen für ihre Gesundheit – das Gras vor Fabriktoren und nahmen jeden Halm und jeden Stängel, der da eventuell noch stand, ins Maul. In die mageren Euter sickerte die schwermetallhaltige Milch aus den Ablagerungen des Autoverkehrs.
Plötzlich riefen alle: „Ein Wasserbüffel, ein Wasserbüffel!", aber ich habe keinen gesehen, es war schon zu spät, ein Haus verdeckte mir die Sicht auf dieses landestypische Highlight. Es blieben mir nur ein paar an Stricken geführte Kühe, Wasserschöpfer am Straßenrand, die mit Holzschaufeln Wasser aus den Gräben schaufelten und damit die Reisfelder in Handarbeit begossen. Der Verdacht lag nicht einmal fern, dass ein einziger Büffel eigens für die Touristen in die Felder gestellt wurde, denn der Bus legte an der einzigen Stelle, wo überhaupt Bauern bei der Arbeit zu sehen waren, eine Fotopause ein.
Wie sich wohl die Hühner oder Enten oder auch die Schweine fühlten, die auf dem Rücken mehrerer vorbeirauschender Mofas mit 80 Stunden Kilometer über die Autobahn „bretterten"? Ich fragte mich wirklich, wie es denen wohl zumute war. Mit Sicherheit verstanden sie nicht die Bohne von dem, was ihnen widerfuhr, aber eines kapierten sie wohl, nämlich dass sie gerade vom Leben zum Tode befördert werden würden. Das konnte man unzweifelhaft an ihren angstvoll aufgerissenen Augen ablesen.
Herr Thai füllte die langweilige Asphaltstrecke bis Hanoi mit Erzählungen aus dem Vietnamkrieg auf: Das hat uns berührt: Er war gerade vierzehn Jahre alt gewesen, als die Amerikaner Hanoi bombar-

diert hatten. In Panik hatte er sein Fahrrad gepackte und war aus der Stadt geflohen, 100 km weit bis zum Heimatdorf seiner Mutter, ohne auch nur einmal anzuhalten. Vielleicht hatte seine chronische Bronchitis auch in diesen Erfahrungen ihren Ursprung.

Früher gab es hier nur Dörfer, wo heute Stadt und Land unterschiedslos ineinander übergehen. Schicke westliche Fabriken, haben sich ausgebreitet wie Teppiche, wie Moos, Hartmoos sozusagen. Die Firma Seidensticker und die Firma Canon zum Beispiel unterhalten hier Niederlassungen. Und drum herum die Flechten der Häuser und Hütten der Arbeiter und der Dienstleister.

# Buddhistische Friedhöfe in Reisfeldern

*Der Friedhof im Reisfeld*

Hier und da schaute mitten aus einem Stück Reisfeld ein buddhistischer Friedhof mit drei oder vier Grabhäusern. In Vietnam werden die Toten dort bestattet, wo sie geboren wurden, und die Hinterbliebenen haben ihre Vorfahren sozusagen „hinter dem Haus, auf dem Feld." So kann man von seinem Wohnhaus mal „schnell mal hinüber" zu den Ahnen, den Großeltern oder Eltern, eine Frucht oder Blütenblätter oder anderes Essen hinstellen und sie damit ehren oder „beschwichtigen", je nach dem, was für notwendig erachtet wird. Oder einfach mit ihnen sprechen, denn Gespräche mit den Verstorbenen sind in Vietnam eine ganz normale Sache und zeugen von der Pietät der Viet-namesen ihren Vorfahren gegenüber, die auch heute noch streng beachtet wird.

**Zurück in Hanoi**

Schließlich war der Rand von Hanoi wieder erreicht, und es begann der Kampf durch den Berufsverkehr mit seiner ganzen „Modenschau auf zwei Rädern", ein faszinierendes Schauspiel! Die Straße als rollender Laufsteg. Die moderne selbstbewusste vietnamesische Frau in schicken Klamotten hob sich markant aus dem Einerlei der der kommunistischen Badelatschen hervor, den Pfennigabsatz leger auf dem Bodenblech der Honda. Hier eine Frau mit wehender Kluft des traditionellen Kostüms, ganz in Weiß auf einer pinken Vespa, da junge Frauen und Männer mit topeleganten Jeans, da wieder ein zitronengelber hochhackiger Luxusschuh und immer wieder extravagante Taschen von Gucci, Lacoste und andere Marken.

*Hanoi Wasserpuppentheater*

# Vietnamesisches Wasserpuppentheater

Auf dem Abendprogramm des dritten Tages stand das vietnamesische Wasserpuppentheater. Es dauerte über eine Stunde, bis wir uns durch den Verkehr zum Puppentheater vorgekämpft hatten. Was für eine ganz andere Welt tat sich da auf! Vor einem eher unscheinbaren Gebäude grüßte eine mannshohe Holzpuppe mit weißlackiertem Gesicht, schwarzen großen Schlitzaugen und knallrotem Lachmund. Die Vorführung fand in einem Garten statt, darin ein kleiner See und darauf die traditionelle Bühne des Wasserpuppentheaters, das auf der Welt kein Pendant hat. Gespielt wurde auf dem Teich, bzw. *in* dem Teich *vor* der Bühne, die hinter einem Vorhang, der reichlich geschmückt war, die Spieler verbarg. Von diesem Hintergrund aus wurden von drei bis fünf Spielern die Puppen bedient. Die Spieler setzten die Puppen an langen Stangen, die unter der Wasseroberfläche horizontal geführt wurden, in Bewegung. Man konnte die Spieler selbst nicht sehen, sondern nur die Puppen. Mit allerlei Drehvorrichtungen wurden die Stangen so bewegt, dass sie sehr lebendig agieren konnten. An einer Seite des Sees gab es eine eigene kleine Bühne, in der das Orchester mit einer Sängerin und vier Instrumentalisten spielte.

Jede Puppe maß ungefähr einen halben Meter bei einem Gewicht von 15 bis 20 kg. Es gab ungefähr 12 Nummern, jede davon erzählte eine Legende, eine Episode aus der Geschichte oder eine Szene aus dem täglichen Leben der Bauern und Fischer. Auch ohne die Sprache zu verstehen, kam viel von dem Witz und dem gespickten Humor der Vietnamesen zu den Zuschauern.

Zuerst, in einer Art feierlichem Introitus und begleitet vom Spiel des Orchesters trugen „Paladine" den König in einer Sänfte, unter einem Baldachin, über die Wasserfläche. Voran die königlichen Reiter und dahinter das Gefolge. Danach wurde der Kampf zweier Drachen gezeigt, die Rauch und Feuer spieen und sich anschließend mit Wasserstrahlen bespuckten. Das war ein unglaublich lustiges Spektakel! Natürlich wurde die Legende des „Wiedererstatteten Schwertes" gezeigt, eine Legende, die jedes vietnamesische Kind kennt, und die sich im Schildkrötensee in Hanoi abspielt. Es ist die Geschichte von dem Wundersamen Schwert und der Goldenen Schildkröte Kim Qui, die vielleicht beliebteste vietnamesische Legende. Sie lässt sich in jedem beliebigen Reiseführer nachlesen.

Es folgten lustige bäuerliche Szenen mit Fischern. Da traten Fische auf, die Frösche jagten, Fische, die die Fischer ärgerten, verjagten und nass spritzten, Wasserbüffelschlachten, Enten, die den Fuchs, der ihnen nachstellte, auf den Baum jagten, feuchtfröhliche Bootsfahrten der Fischer, Fischfang mit Körben und dazugehörige Neckereien, Szenen bei der Reisernte. Und alles mit viel Gespritze. Es folgten Tanzeinlagen mit Wasserfeen, und am Schluss traten die Puppenspieler, vielleicht zehn oder mehr, in einer Reihe hinter dem Vorhang hervor, bis zur Brust im Wasser stehend, verneigten sich, um den Applaus des Publikums entgegenzunehmen.

Das Wasserpuppentheater hat eine lange Tradition und erreichte seinen Höhepunkt im 17./18. Jahrhundert an den Königshöfen. Jedes Dorf besaß früher im Dorfteich neben dem Gemeindehaus sein eigenes Wassertheater und hütete eifersüchtig sein Spielgeheimnis. In den Jahrzehnten nach dem Krieg vom Verschwinden bedroht, wird die Tradition des Wasserpuppentheaters inzwischen wieder liebevoll gepflegt. Eine Ausbildung zum Wasserpuppenspieler dauert mindestens drei Jahre. Alle Figuren haben weißlackierte Gesichter und einen fröhlichen, entspannten Gesichtsausdruck. Alle drei Monate müssen die Figuren neu gebaut werden, da eine Puppe, die sich drei Monate im Wasser ausgetobt hat, am Ende morsch und verfault ist.

# KÖNIGSSTADT HUE

Vierter Tag

Mit den Vietnam Airlines ging es am kommenden Tag in die Stadt Hue in Zentralvietnam. Das hieß: Um vier Uhr aufstehen, das Lunchpaket einnehmen! Frankreich ließ mit einer „La-Vache-qui-rit-Käseecke" auf Toastbrot grüßen. Warum eigentlich nicht? Die Beziehungen zwischen Frankreich und Vietnam sind sehr eng, vielleicht eine der wenigen positiven Nachwirkungen des Kolonialtraumas. Spätere Generationen kommen zur Vernunft und wollen wissen, wie es war, fahren hin!

Vor den Botschaften waren die Straßen sauber mit Wasser gesprengt. Kein Staub in der Luft. An allen Ecken wurde gegähnt. Die Hotelangestellten gähnten, die Gruppe gähnte, der Reiseleiter gähnte, die Angestellten am Flughafen, gähnten. Es war sehr früh am Tag.

Gepäckkontrolle. Bei meinem Mann piepste es! Was war das? Klar, das Taschenmesser, das gute Schweizermesser! Reinhard wurde aufgefordert, den ganzen Inhalt seines Rucksacks auszubreiten. Nicht schlimm, der junge Vietnamese am Röntgenband freute sich über das Schweizermesser.

In Hue wurde der Reiseleiter gewechselt. Der neue hieß Herr Hung, was schon eher chinesisch klang. Er war um die sechzig, zurückhaltend in der Wirkung, mit einer Leidensspur in seinem vornehmen Gesicht. Er musterte uns kurz, sein feines Lächeln verriet kein Gefühl. Er sollte uns die nächsten drei Tage begleiten.

Hue ist eine kleine Stadt mit ungefähr 300.000 Einwohnern. Sie gilt als die verregnetste Stadt Vietnams. Wie gut, dass wir noch nicht in der Regenzeit reisten, aber schon betrug die Luftfeuchtigkeit über 80 Prozent.

Unser Hotel, frisch renoviert und von kommunistischem Einheitsgrau befreit, lag gleich an einem Fluss mit dem sprechenden Namen „Fluss der Wohlgerüche" oder kurz, „Parfümfluss", ganz in der Nähe der Altstadt. Nur wenige Meter neben dem Hotel im Fluss die so genannten Drachenboote, wunderschön bunte, phantasievoll bemalte Ausflugsboote, die die Touristen auf dem Fluss eine Strecke auf und ab schuckelten. Die Sonne glänzte im Mittagslicht. Die Bootseigner saßen auf dem Vorderdeck und winkten einladend.

# Kaiserliche Zitadelle von Hue

Programmschwerpunkt war die „Kaiserliche Zitadelle", auch „Verbotene Stadt" genannt. Es handelt sich um die Stadt der Kaiser der sogenannten Nguyen-Dynastie, welche in der Zeit von 1802 bis 1945 vierzehn Könige stellte. Der erste selbsternannte Kaiser der Nguyen-Dynastie, trug den Namen Gia Long und gründete in Hue die erste kaiserliche Hauptstadt, die er mit ungeheurem Prachtaufwand nach dem Modell der verbotenen Stadt in China ausbauen ließ. Heute ist Nguyen einer der häufigsten männlichen Vornamen in Vietnam.

Der Hof entfaltete eine sagenhafte Pracht und es wurde mit allem Pomp, den die Handwerkskunst hergab, regiert. Ab Mitte des neunzehnten Jahrhunderts gelangte die politische Macht in die Hand der Franzosen, die ab 1858 von Danang aus immer mehr Einfluss auf die Gegend gewannen und 1885 die Zitadelle einnahmen. Sie zündeten die Bibliothek an und plünderten den Palast. Das muss in aller Härte auch in meinem kleinen Reisebericht gesagt werden, denn die Kolonialherren aus dem Westen spielten für die Vietnamesen keineswegs eine rühmliche Rolle und waren eine schwere Last für die einheimische Bevölkerung. Zwar hinterließen die Franzosen in Vietnams Städten prachtvolle Häuser, Paläste, modernisierten das Straßensystem und bauten die vietnamesiche Eisenbahnlinie von Hanoi nach Saigon, aber: die ganze Strecke wurde von Zwangsarbeitern errichtet, von denen viele während der Bauarbeiten umkamen. Im Vietnamkrieg spielte die Bahnlinie eine wichtige Rolle für den Nachschub.

Aus der französischen Zeit Indochinas stammt heute noch die Vorliebe der Vietnamesen für das französische Baguette und für Kaffee. 1945 besetzten die Japaner Hue und 1968, während der Tet-Offensive durch die Kommunisten, gingen zahlreiche Schätze der Kaiserstadt für immer verloren. Den Rest besorgten die Amerikaner.

# Hue – Verbotene Stadt

Die kaiserliche Zitadelle, etwas außerhalb von Hue, ist von einer 20 m dicken, 7 m hohen und 10 km langen Mauer umgeben, darin befindet sich, ebenfalls ummauert, die „Stadt in der Stadt", die „verbotene Stadt". Nur Reste sind von ihr noch zu sehen. Was wie alt wirkt, ist nach alten Plänen neu aufgebaut worden. Und immer noch wird am Wiederaufbau der Kaiserstadt gebaut.

Entsprechend umtriebig war es hier. Von allen Seiten schallte uns das Hämmern und Klopfen der Handwerker entgegen, Mofas knatterten durch das Gelände, Haufen von Baustoffen überall. Wer

*In der Verbotenen Stadt*

die goldenen Frösche im hohen Gras mit ihren weit aufgesperrten Mäulern für Kunstwerke des vorletzten Jahrhunderts hielt, täuschte sich gewaltig, es handelte sich um „banale", auf alt getrimmte Abfallbehälter.

Zentrales Schmuckstück, in neuem Glanz, ist die Audienzhalle. Hier befinden sich die Altäre für die 14 Kaiser der Nguyen-Dynastie, heute Opfer- und Gebetsstätten. In mit Sand gefüllten Töpfen qualmten Räucherstäbchen, davor Schalen mit Essen und Geldscheinen. Und Blumen. Die Spenden sind für den Verzehr von Armen bestimmt, die sich an den Schalen bedienen können. Das „gespendete" Geld ist jedoch eine Scheinwährung und soll den Toten für ihr Leben im Jenseits dienen.

Warum die Stadt praktisch vollständig neu aufgebaut werden musste? Das lag an den Kriegsfolgen! Die Amerikaner zerschossen beim Großangriff 1968 auf Hue 67 Gebäude der Verbotenen Stadt, die praktisch dem Erdboden gleichgemacht wurde. Den Rest besorgten die Abgase aus dem Verkehr. Auf Grundstücken, auf denen früher herrliche Paläste standen, gedeiht heute Gemüse.

In einem großen Areal im Freien, dem ehemaligen Ehrenhof imponierten zwei riesige Bronzekessel, von denen einer den Tod, der andere das Leben symbolisiert. Dahinter stand einmal der „Palast der Himmlischen Vollendung", von dem nur noch die Grundlinien existierten. Eine königliche Bibliothek, das Theater, welches sehr schön renoviert wurde, hübsche Wandelhallen gegen den Regen, Küchen, Konkubinenhäuser und Häuser für die Wachen und andere Bedienstete waren teilweise schon restauriert.

Eine solche Stadt muss man sich wie die Präsentation des Himmels auf Erden vorstellen, von nie geahnter Süßigkeit und Schönheit, aber

das ist ja nun alles dahin, durch die Unvernunft menschlicher Brutalität und Destruktivität.
In den „kommunistischen" Jahren wurde so gut wie nichts restauriert. Vieles zerfiel. Insekten und Plünderer setzten die Zerstörung fort. An vielen Mauern waren noch die Einschusslöcher des Krieges zu sehen.
Apropos Krieg. Auch Herr Hue hatte sein „persönliches Kriegserlebnis", in Hue:
Er war im Januar 1968 mit seiner Freundin gerade im Freien, als es um ihn herum Granatsplitter hagelte. Unter Lebensgefahr zog er seine Freundin zu sich: sie starb in seinen Armen. „Von den Verwandten, die in der Nähe wohnten, blieb nur „verbranntes Fleisch, das meine Verwandten zusammenkehren mussten, um wenigstens einen Rest bestatten zu können", sagte er unter Tränen. Spätestens jetzt habe ich etwas vom zuvor undurchdringlichen Gesicht unseres freundlichen Reiseleiters verstanden.

# Thien-Mu-Pagode

Einige Kilometer oberhalb des Flusses der Wohlgerüche gab es die Thien-Mu-Pagode zu besichtigen, 1661 aus Ziegeln des Cham-Heiligtums in My Son erbaut. Der Besuch entfiel leider aus einem banalen Grund, nämlich weil die Leute der Gruppe einfach keine Lust

*Kleine Mönche*

mehr zu weiteren Besichtigungen hatten. So kann´s laufen ...

Die Pagode, ein zentraler Meditations- und Schulungsort der vietnamesischen Buddhisten, ist Teil eines buddhistischen Zentrums. Sie kann als ein perfektes Bauwerk gelten; jedes der sieben Stockwerke symbolisiert eine Reinkarnation des Buddha.

Die durchbrochenen Fenster bestehen aus den drei wichtigen Symbolen Glück, Wohlstand und langes Leben. Diese Symbolik der durchbrochenen Fenster ist in Vietnam allgegenwärtig.

Im buddhistischen Tempel sollten wir einer buddhistischen Zeremonie beiwohnen, dies kam jedoch nicht zustande, da die Mönche gerade „Tempelputz" hatten. Jugendliche Mönche mit dunklem Haarschopf auf dem sonst glatt rasierten Kopf wuselten umher. Manche von ihnen kommen schon in sehr zartem Alter ins Kloster. Dabei „trifft" es oft die Kinder der Bergvölker. Zu arm, können viele Familien ihre Kinder nicht aus eigenen Mitteln ernähren. So gibt es hier schon zwei- oder dreijährige kleine Mönche. Sie werden im Kloster nach buddhistischen Regeln erzogen, bekommen eine fundierte Ausbildung, lesen und studieren hier. Sie werden an das Schlafen auf harten Truhen gewöhnt, in denen sie ihre Habseligkeiten aufbewahren. Ein paar kleine Mönche machten an Tischen ihre Hausaufgaben, andere besorgten die Gartenarbeiten.

Plötzlich ein Riesenlärm. Was war denn das? Eine große Glocke wurde in rasendem Tempo geschlagen. Ich kam mir vor wie in einem Heavy-Metal-Konzert, zumindest, was die rhythmische Raserei betraf.
Dies war ein Teil der buddhistischen Zeremonie.
Von der Anhöhe bei der Pagode bot sich eine Postkartenaussicht auf den Fluss der Wohlgerüche und die ihn umgebenden Berge.

## Fluss der Wohlgerüche, Drachenboot

Zu Fuß zum Fluss hinunter, harrte eine Reihe bunter Drachenboote auf die Kunden. Die Fahrt den Fluss hinunter war eines der ganz besonderen Glückserlebnisse dieses Urlaubs. Wie breit und zufrieden strömte der Fluss, wie weich das Wasser, wie zart die Luft! Alles war wie in „Spüli" getaucht. Spüli das Wasser, Spüli die Luft. Umweltfreundlich.
Wir nahmen Platz auf Deck, ließen uns gemächlich den Fluss in Richtung Hue hinuntertreiben. Ein Paradies der Stille und der Kontemplation! Das war die Entschädigung für die Motorradattacken in Hanoi! Bei warmem Frühlingswind dauerte die Fahrt etwa über eine Stunde. Ungefähr auf der Höhe unseres Hotels endete die Fahrt. Ich schrieb sie in mein inneres „Buch der Unauslöschlichen Eindrücke", so unauslöschlich wie das Wasserpuppentheater in Hanoi.

## Verehrung von Naturgeistern

An der Straße, neben dem Hotel, an den oberirdischen Wurzeln eines Feigenbaumes gestellt, ein kleiner Altar. Der bestand aus nichts als einem Porzellanpferdchen und Räucherstäbchen. Hier wurde offensichtlich ein Naturgeist verehrt. Nicht nur mit Wohlgerüchen aus den Räucherstäbchen, auch mit den Auspuffgasen, die wieder reichlich den Auspuffrohren aus den zahllosen Mofas entströmten, mit denen wir auch sogar hier, in dieser altehrwürdigen Stadt, zu kämpfen hatten. Wieder mal ein irrsinniger Verkehr! Ich jedenfalls habe mich nicht über die Straße getraut.

## Abends am Fluss der Wohlgerüche

Essen am Abend im „Paradiesgarten", gleich am Fluss. Hier wurden die Wohlgerüche zu sinnlicher Präsenz. Knoblauchgeruch unter alten Bäumen. Der Fisch war mit wohl zwanzig Knoblauchzehen zubereitet. Im Wasserspinat, der dazu gereicht wurde, möglicherweise die fünffache Menge. Das mag zwar übertrieben sein, irgendwie aber auch nicht. Ein kaum zu erklärendes Wunder, dass wir hinterher nicht nach Knoblauch stanken.

Ein grätiger Fisch wurde in Reispapier gereicht. Aus Gründen der Sicherheit wickelte ich immer nur winzige Portionen des Fisches aus dem Reispapier. Das ließ sich jedoch immer erst vom Fisch lösen, wenn es ganz vom Fett des Fisches vollgesogen war. Sonst wäre es so hart geblieben, dass ich es kaum mit den Zähnen abgebissen gekriegt hätte. Ich habe das dann aber nicht weiter versucht und den Fisch mit den Fingern aus dem Papier heraus gepfriemelt, was wegen der Dunkelheit nicht ohne war und weil auch keine Lampen am Tisch Licht spendeten.

In Hue spannen sich zwei große, elegante Brücken über den Fluss. Im Dunkeln waren sie blau und rot angestrahlt. Unzählige Liebespaare saßen auf den Ufermauern, Familien kochten in kleinen Geschirren das Abendessen, es dampfte überall, alte Frauen trugen uns Kokosnüsse und Ananasscheiben an, die wir ihnen aus hygienischen Gründen abschlagen mussten. Auf den Bänken und Mauern tollten Kinder umher, hüpften auf den Weg, knäuelten sich lachend und kreischend zu kleinen Schwärmen zusammen, stoben wieder auseinander wie Spatzen, sammelten sich wieder, packten sich am Hemd und marschierten wie Enten hinauf und hinab, so wie sie es im Kindergarten gelernt haben. Eines der Kinder war dabei der Anführer, und die anderen ließen sich von ihm anführen. Wenn man Glück in Worte fassen könnte, dann wäre es vielleicht das.

*Altar für Naturgötter*

# Geisterglaube

Obwohl ein kommunistisches Land, glauben die Vietnamesen noch an Geister. Eine englischsprachige Zeitung machte mich darauf aufmerksam. Der Artikel heute handelte von einem leerstehenden Haus in Hanoi, das offenbar von Geistern bewohnt wurde, aber zum Verkauf anstand. In zentraler Stadtlage und hochwertig, konnte es der Besitzer nicht verkaufen, nicht einmal zu Schleuderpreisen. Warum? Einem Gerücht zufolge waren dort angeblich einmal zwei Kinder bei einem Brand ums Leben gekommen. Spätere Besitzer seien bei Unfällen umgekommen. Eine junge Frau soll sich darin erhängt haben. Bei Vollmond habe man eine Frau im Haus weinen, rufen und schreien hören, während sie gefoltert wurde. Auf dem Dach habe man eine langhaarige Frau im Schatten eines Baumes sitzen und weinen sehen. Hinter geschlossenen Läden habe die ganze Nacht ein Licht geblinkt und so weiter. Nun will keiner das Haus kaufen, so dass es zu einem Paradies für Ratten verkommt. Tagsüber werfen die Leute von der Straße ihre Abfälle hinein, verrichten darin ihre Notdurft. Eine öffentliche Toilette mitten in der Großstadt von Hanoi.

Im Volksglauben der Vietnamesen spielen die Verstorbenen eine große Rolle. Nach ihrem physischen Tod leben ihre Seelen weiter im

Jenseits. Menschen, die niemanden haben, nicht verheiratet waren oder auf unnatürliche Weise starben, können den Lebenden über den Tod hinaus einen Einfluss auf seine verwandten oder Nachbarn ausüben. Daher müssen sie beschwichtigt werden oder besondere Gaben erhalten. So gibt es für sie eigene Hausaltäre, damit die nach ihrem Ableben auf der Erde unzufriedenen Seelen für die Lebenden nicht bösartig werden und Rachefeldzüge für erlittene Schmach oder erlittenes Leid gegen die Lebenden unternehmen. Dieser Teil der Volksfrömmigkeit erklärt einen Teil der leerstehenden Häuser, von denen es in den Städten und Dörfern auch heute mehrere gibt. Wehe, man beschwichtigt einen im Leben unzufriedenen Geist nicht, er wird Böses anrichten!

Herr Hung konnte bestätigen, dass dieser Aspekt der Volksfrömmigkeit im vietnamesischen Volk immer noch sehr lebendig sei und die Vietnamesen großen Wert auf einen korrekten Umgang mit ihren Ahnen legen würden.

# Auf dem Dong-Ba-Markt in Hue

Auf der anderen Flussseite des wohlriechenden Flusses liegt der Dong-Ba-Markt. Er wurde gerade abgebaut und war alles andere als wohlriechend. Im Gegenteil, es stank hier bestialisch nach altem Lauch, Salat und verrottendem Gemüse, Fleisch und Fisch. Der gestampfte Boden war von Abfällen und Unrat übersät. Die Händler packten ihre Siebensachen auf die Motorräder, und über das ganze Durcheinander aus Nahrungsmittelresten, Körben, Taschen und Mopeds legte sich barmherzig die Nacht.

Zum Abschluss des Tages gab mir mein Mann einen kleinen Geschichtsunterricht über Doi Moi und die vietnamesische Politik, eine Unterrichtseinheit, „aus erster Hand" von einem Politik- und Geschichtslehrer.

# Doi Moi

„Doi Moi" heißt das Zauberwort und bedeutet: „Erneuerung". Erfunden 1986, im Jahr, nachdem in der UdSSR Gorbatschow mit Glasnost und Perestroika das Land zu formieren begann, zogen, zunächst vom Westen kaum bemerkt, die Vietnamesen nach. Nach „zehn verlorenen Jahren" seit Kriegsende 1975 lag Vietnam ökonomisch am Boden, Zigtausende waren in den Westen geflohen. Und heute?

Heute flieht niemand mehr. Nach wie vor herrscht die KP Vietnams allein, dem ökonomischen Wandel ist noch kein politischer gefolgt.

Vor den Hotels sieht man oft neben der roten Fahne mit dem fünf-zackigen Stern eine zweite mit Hammer und Sichel, den Symbolen für die Arbeiter- und Bauernmacht. Doch wer sind diese heute?

Die Arbeiter sind wieder eine Minderheit. Im Jahr 2009 kommen ihre Chefs aus Tokio oder Hongkong, wenn sie z.B. für Toyota oder Canon arbeiten, die entlang der Straße nagelneue Fabriken errichtet haben und von der KP angeworben wurden, die hiermit dem „Klassenkampf" endgültig „Adieu" gesagt hat. Staatsbetriebe à la „VEB" gibt es offensichtlich kaum noch.

Und die Bauern: sie haben das früher kollektivierte Land gepachtet oder gekauft und ackern heute wieder wie vor Jahrhunderten: als unser Bus einmal stoppte, sahen wir, wie sie von Hand Wasser ins Reisfeld schaufelten, auf dem Frauen sich den Rücken krumm bückten oder kleine Jungen einzeln Kühe stundenlang beim Grasen am Straßenrand hüteten.

Das Kleinbauerntum zeigte sich uns auf der Fahrt nach Norden auch in Gestalt der Marktfrauen: auf dem Boden hockend boten sie stundenlang kleine Mengen Kräuter und Gemüse an, es gab deutlich mehr Anbieter als Konsumenten.

Kann man so eine Familie ernähren? Was ist „Doi-Moi?" die Antwort ist einfach: Der Fortbestand des KP-Monopols bei gleichzeitiger Abschaffung aller sozialistischen Strukturen. Geblieben sind nationale Symbole wie das Ho-Chi-Minh-Museum in Hanoi oder die Hammer- und Sichel-Fahne, die ironischerweise ausgerechnet vor unserem Hotel weht – bei den gut verdienenden Touristen aus aller Welt. Aus aller Welt: das heißt aber auch: das Land ist offen für Menschen und Waren, für Autos, Computer und Moden. Metromarkt und Seidensticker, Mercure- Hotels und Novotels bilden eine Parallelwelt zu den Millionen Menschen, die von der Hand in den Mund leben. Die neue Mittelschicht wird in den Städten immer sichtbarer, vielleicht bevölkert sie auch bald zuhauf Halong-Bay, wo ein Viersternehotel nach dem andern emporwächst, wo die Shops, Märkte und Restaurants entlang der Promenade schon wie in Cran Canaria wirken.

Nach dieser „Unterrichtsstunde" habe ich mir die Frage gestellt, ob dieser ganze „Westschick" der Globalisierung mit ihrem Markenkult am Image des schönen alten Landes kratzen wird? Wohl nicht durchgängig. Dieses Land wird nie seinen Charme verlieren: die Inseln der Halongbucht, die Palmstrohhüte der Einheimischen oder die vielen Konfuzius- und Buddhawinkel werden der Globalisierung trotzen. Weniger Glück werden die Schlangen, Tiger und Elefanten haben, die es in Restbestände noch in den Bergen Richtung Laos anzutreffen sind. Wie auch immer: nach Jahrzehnte langen Kriegen geht es dem Land so gut wie nie zuvor. Unser Urlaub heißt auch: die Widersprüche verstehen und annehmen lernen!

# TOTENSTÄDTE BEI HUE

Fünfter Tag

**Danang und Chamkultur, Marmorberge**

## Totenstadt des Königs Tu Duc

Auf dem Programm stand heute die Grabanlage des Tu Duc. Tu Duc war der vierte König der Nguyen-Dynastie. Mithilfe von 6000 Arbeitern ließ er seine Totenstadt in den Jahren von 1864 bis 1867 in der Nähe von Hue errichten. In einem nach dem Vorbild englischer Landschaftsparks angelegten Gelände mit alten Bäumen, Teichen und Wassergräben liegt diese Stadt, auch sie eine „Verbotene Stadt". An den Mauern, Mauerschanzen und Wassergräben war der Einfluss des französischen Festungsbaumeisters Vauban unschwer zu übersehen.

Im Unterschied zu anderen Kaisern lebte Tu Duc, der selbst kinderlos war, mit seinen über hundert Frauen schon zu *Lebzeiten* in seiner Totenstadt. Er philosophierte, jagte und schrieb Gedichte. Wenn seine Arbeiter nicht nach seinen Anweisungen arbeiteten, ließ er sie ohne Umschweife umbringen.

Dieser König hatte auch sonst einige Besonderheiten: In einer großen „Selbstkritik", auf großen Steintafeln zu lesen, beschrieb er über endlose Zeilen hinweg seine Gräueltaten: Da stand zum Beispiel, dass er nach einem Aufstand alle Arbeiter töten ließ, die sich ihm widersetzt hatten. Es folgten die verschiedenen Namen, die er den einzelnen Palästen seiner Totenstadt gab, „Palast der Bescheidenheit, Tor des bescheidenen Ereignisses, Tempel des bescheidenen Willens, See des bescheidenen Bewahrens, Pavillon des bescheidenen Schwebens, Pavillon der bescheidenen Vorausschau, Tor des Palastes der Bescheidenheit, Halle des bescheidenen Friedens, Halle der bescheidenen Klarheit, Halle des bescheidenen Rückblicks, Halle der bescheidenen Ehrlichkeit".

## Anekdote von den Bananen

Gerne wird hier den Touristen die *Anekdote von den Bananen* erzählt. Damit hat es Folgendes auf sich: Die Konkubinen des

*Totenstadt des Kaisers Tu-Duc*

Königs, so war es der Brauch, wurden von Eunuchen beaufsichtigt, die bestimmten, welche Konkubine den König in der Nacht beglücken sollte: diejenigen, die nicht an der Reihe waren, hätten sich für die entgangenen Freuden mit Bananen entschädigt. Als die Eunuchen unter dem Bett einiger Haremsdamen Bananenschalen fanden, hätte der König aus Eifersucht seinen Konkubinen kurzerhand den Verzehr von Bananen verboten. Ein Ödipuskomplex mit Bananen!

Man kann als Europäer kaum fassen, dass der Ort erst vor ungefähr 150 Jahren geschaffen wurde. Für den besonders exklusiven Geschmack des Herrschers spricht auch die Art, wie er sich den Tee zubereiten ließ: aus den Tautropfen der im See schwimmenden Lotosblüten! Es gab auch noch ein Theater, in dem der König Stücke aufführen ließ, die, laut Kunstführer, mehr als hundert Tage dauerten. Dieses Theater hieß „Halle der Bescheidenen Helligkeit".

Ein Bild, das hundertfach die Umschlagseiten von Reiseführern schmückt: Der Ehrenhof der Grabstätte des Kaisers Tu Duc mit seinen Standbildern, mit den kleinen Mandarinen, den winzigen Elefanten und den winzigen Pferden, die sich paarweise gegenüberstehen, ist bei Touristen, und wir schließen uns da nicht aus, ein beliebtes Fotomotiv.

Tu Duc ist ein Beispiel für einen typischen Marionettenkönig. Machtlos während seiner eigenen Regierungszeit, blieb ihm nur die Repräsentation, denn in dieser Zeit übten die Franzosen bereits einen starken politischen Druck auf das Land aus. Der Prunk, mit welchem er Machtlosigkeit zu übertünchen versuchte, die Grausamkeit und Brutalität, mit der er sich das Recht über Leben und Tod der Untertanen anmaßte, waren entsprechend beeindruckend.

Eindrucksvoll auch die Inschrift, auf der er sein Leben beschrieb: Sie umfasst nicht weniger als 4916 Zeilen. Eindrucksvoll auch ohne Kenntnis der Sprache und ohne Übersetzung.

Für jeden Vietnamreisenden dürfte auch die Art von Interesse sein, in der Tu Duc seine Totenstadt nach beendigter Bauzeit einweihte, und wie er das Richtfest feierte: Dies geschah durch ein Festmahl zu seinen eigenen Ehren, bei dem nicht Wein, sondern besonders reichlich Blut floss. Dabei ließ er die Arbeiter, die er aus den Bergvölkern rekrutiert hatte und die für ihn Monate geschuftet hatten, niedermetzeln, damit niemand herausfinden konnte, wo er später begraben lag. Nicht einmal heute kennt man die genaue Grabstelle, denn es leben noch Nachkommen von ihm, und der Ahnenkult verlangt, dass man die Toten in Ruhe lässt, denn die könnten sich ja für das Herumtrampeln auf seiner Grabstädte oder für eine doch nicht ganz auszuschließende Störung der Totenruhe durch Exhumieren an den Lebenden rächen.

Auch was das Essen anbelangte, war er misstrauisch: Die Speisen, die er täglich zu sich nahm, wurden in 50 winzigen Portionen gereicht. Jede Portion wurde von einem eigenen Koch zubereitet, der von dem Schüsselchen kosten musste, bevor der König es gereicht bekam, der Stoff für Märchen!

Nachdem wir uns all diese Spezialitäten, Vorlieben und Grausamkeiten dieses Herrschers angehört hatten, verließen wir den abstrusen Ort, der trotz seiner Nähe märchenhaft entrückt wirkte.

# Grabanlage des Kai Dinh

Eine kleine Straße führte durch einen hübschen Wald zur Grabanlage des Kai Dinh, des zwöften Königs der Nguyenkönige, der von 1916 – 1925 regierte und viele Jahre im französischen Exil gelebt hatte.

Unzählige steile Treppen führten zu dieser Grabanlage, die den Namen „Grab des Fortschrittes" trug und, ganz in Beton gegossen, im Inneren mit Porzellan- und Glasscherben ausgeschmückt, eine interessante Mischung aus asiatischer Tradition und französischer Prunkarchitektur. Aus den grauen Betonwänden

*Die Grabanlage des Kai Dinh / Grab des Fortschritts*

des Stelenpavillons glotzten potthässliche Karpfenköpfe mit vorspringenden Augen heraus. Der Pavillon mit der Grabstele stand auf *einer* Ebene und auf einer anderen gab es wieder, wie in der Totenstadt des Tu Duc, den Ehrenhof mit Pferden, Mandarinen und Wächtern. Etwas höher lag der Tempel, in dem der Kaiser vergoldet unter einem kitschig bunten Baldachin wie ein Pharao auf ebenfalls goldenem Thronsessel thronte.

Das vergoldete Gesicht des Herrschers hatte etwas von einem „Milchbubi", eine Art „kindlicher Kaiser", der auf seinem Thron in eine unbestimmte Ferne sah, ein Narziss reinsten Wassers. In der Hand hielt er einen Dolch. Aus dem Porzellanmuster des Baldachins schauten böse Drachengesichter chinesischen Zuschnitts, die eher an Rieseninsekten aus einem Horrorkino denken ließen und ihre großen Insektenaugen auf den Betrachter richteten.

# Über den Wolkenpass

Weiter ging die Fahrt in Richtung Süden zum Wolkenpass. In Serpentinen stieg die gut ausgebaute Straße mitten durch den Dschungel bergan. Hier und da sprangen Ziegen auf die Straße, hier und da tauchte ein Ahnentempelchen an einer Kurve auf – für Opfer von Verkehrsunfällen.

An einer Kurve – ich war eingeschlafen- schrien plötzlich alle laut auf. Vor uns, ein Schwerlaster, frontal, vor dem unser Fahrer in wenigen Millimetern Abstand zum Stehen gekommen war.

Kurze Panik im Bus, dann, erleichtertes Aufatmen: noch einmal davon gekommen und -ein Ahnentempelchen gespart!

Oben auf der Passhöhe, die Nord- und Südvietnam trennt und auch eine Klimascheide ist, Bunker aus dem Krieg, grüne Wildnis, Wolken. Aus einer Bunkerhöhle spazierte, souverän und würdig, ein Huhn.

Eine überlebende Nachfahrin des Kriegsnachschubes? Wohl kaum. Es war ein Huhn, das hier schon ewig lebte. Ein unsterbliches Huhn, eine Göttin. Es gab hier nur dieses eine Huhn, es gab kein anderes. Es war von besonderer Schönheit. Nicht ein gewöhnliches Markthuhn, sondern eher ein Wolkenhuhn, ein Grottenhuhn, ein Tempelhuhn, ein mythisches Huhn, ein ewiges Huh, das asiatische Huhn schlechthin, das Huhn meiner Träume.

Wir stiegen aus, um die Passhöhe zu genießen. Eine Reihe von Souvenirständen säumte die Straße in üblicher asiatischer Vervielfältigung. Frauen, boten Kokosnüsse und Getränkedosen an.

Plötzlich, beim Überqueren der Straße, auf der höchsten Stelle des Wolkenpasses, der auch eine Wetterscheide zwischen dem Süden und dem Norden des Landes ist, kam mir Gevatter Tod ganz nah, in

Form dreier schwerer Hondas, die um die Kurve gebraust kamen. Doch, wieder mal konnte ich ausweichen. Wieder ein Ahnentempelchen erspart!

# Danang und Museum de Chamkultur

Danang, unten am Meer mit vielen hübschen bunten kleinen Quaderhäusern. In Danang befand sich der Hauptmilitärstützpunkt der Amerikaner. Der Neubaugürtel, der sich breit um die Stadt zieht, wirkte sehr französisch. Hier landeten die Amerikaner am 7. März 1965. Heute ist die Stadt mit einer Million Einwohnern ein Wirtschaftszentrum.

Eine Stadtbesichtigung war nicht vorgesehen, jedoch stand der Besuch des weltberühmten „Museums der Cham-Kultur" auf dem Programm. Um es kurz zu umreißen: Die Cham waren ein Volksstamm, der zwischen dem 2. und 15. Jahrhundert zahlreiche Handelsbeziehungen mit Indien pflegte und hinduistische Religionselemente in Vietnam einführte, bevor das Land zum Buddhismus konvertierte. Daher der starke Einfluss hinduistischer Kunstmerkmale im Museum.

60 km südlich von Danang befindet sich auch das Cham-Heiligtum von My Son, vom 4. bis zum 13. Jahrhundert das intellektuelle und religiöse Zentrum der Champa Kultur. Seit dem 4. Jahrhundert entstanden dort Türme wie in Angkor Wat und Tempel, die den Königen und den brahmanischen Gottheiten geweiht waren. Zu Beginn des 20. Jahrhunderts wurden von Forschern zahlreiche Tempel, Türme und Klöster ausgegraben und der Öffentlichkeit übergeben.

Die meisten dieser Kunstschätze fielen den Bombardierungen der Amerikaner zum Opfer. Aber auch der Vietkong zerstörte seine eigenen Kulturschätze, um den Akt der Zerstörung nicht dem Feind zu überlassen. Noch heute ist die Gegend um My Son weitgehend vermint, daher werden Touristen gewarnt, dies auf eigene Faust zu erkunden.

Das Museum zeigte Cham-Kultur, von der frühen bis zur späteren Zeit, in welcher schon europäische Einflüsse wirksam waren. Da gab es z.B. einen überlebensgroßen sitzenden Buddha in einer Art Römertoga zu bestaunen und aus dem 8. Jahrhundert Wächter in Löwengestalt, die dem Besucher ihre Pranken entgegenstreckten, mit aufgerichteten Gliedern. Dazu quadratköpfige Götter mit dicken Lippen und großen, hängenden Ohrlappen. Aus dem 9. und 10. Jahrhundert filigrane Tänzerinnen, Buddhas, Affen und Statuen von Genien und Göttern, mit schlangenförmigen Augenbrauen, fleischigen Lippen und flachen Nasen, wie oft in Indien zu sehen. In späteren Epo-

*Im Cham-Museum*

chen verfeinerte sich die Kunst, filigrane Sockel von Türmen und Tempeln zeigten anmutige Tanzszenen. Humorvoll dargestellte Affen schleppten Steine in den Händen oder trugen den Tempel auf ihrem Rücken, ihre Genitalien aufgerichtet, die Hoden hart und stark wie Frauenbrüste.
Im 11. Jahrhundert war die Kunst schon stark verfeinert. Tänzerinnenreliefs aus dem 11. Jahrhundert zeigten die Anmut, wie man sie aus indischen Darstellungen kennt. Die Steinmetze verstanden sich schon zu dieser Zeit, auf das seidenfeine Ziselieren der Tänzerinnenkostüme, die die Tänzerinnen fast nackt erscheinen ließen, mit Frisurenaufbauten auf dem Kopf, so genannte *Kirita-Mukutas* oder Korbkronen, die beim ersten Eindruck an koptische Hüte erinnerten. Flötenspieler und vielarmige Shivas zauberten eine tranceartige Stimmung. Aus dem 12. Jahrhundert dann *Lingas,* am unteren Rand mit einem Kranz aus Brüsten umgeben.
Obwohl ein Museum, lag über diesem der Hauch eines Heiligtums, an dem Religion noch lebendig ist, und, auch ohne tiefere Kenntnis des Hinduismus oder gerade deshalb, verbreitete sich in diesem Ambiente der „Zauber des Nichtverstehens".

# Marmorberge

Es folgten endlose Strandabschnitte. Die Sicht auf das Meer war durch Bauzäune verstellt, hinter denen riesige Hotelanlagen hochgezogen wurden. Hier entstehen die neuen Urlaubsparadiese für die globalisierte Welt.
Nur abschnittsweise war ein Blick aufs Meer und die kleinen Rundboote zu erhaschen, kleine Fischerboote, die eher wie große Gemüsekörbe als wie Boote aussehen. Diese werden meist von Frauen zu kleineren Fischfängen und zum Schwatzen in gemütlicher Runde genutzt.

Dann tauchten in der topfebenen Landschaft die Klötze der Marmorberge auf, welche für die Marmorindustrie und das Kunstgewerbe ausgebeutet werden. Die Berggruppe der Marmorberge besteht aus fünf Kalksteinhügeln, von den Vietnamesen „Berge der fünf Elemente" genannt, nach den fünf Elementen Wasser, Feuer, Erde, Holz und Metall.

Der markanteste der Berge war der Wasserberg, der auf 157 Stufen bestiegen werden konnte. Auf diesem befinden sich eine Pagode, ein Tempel und verschiedene Grotten. Zu seinen Füßen das Dorf der Marmorsteinmetze. Hunderte von Geschäften haben hier ihre Grabsteine, Grabhäuser und Marmorfiguren, meist lachende Buddhas und protzige Löwen, ausgestellt.

Bei unangenehm schwülem Wetter, eingedeckt mit Cola- und Mineralwasserflaschen, die uns wuselige Frauen anboten, quälten wir uns die 157 Stufen zu den Grotten und zu der Pagode hoch. Die natürlichen Grotten, finstere, meterhohe Räume, durch die das Himmelslicht sickerte, dienten den Cham als Kultstätten. Ab dem 15. Jahrhundert wurden sie als buddhistische Wallfahrtsstätten genutzt und später dienten sie dem Vietkong als Waffenlager. Heute sind sie eine Touristenattraktion. Im Inneren der Grotten, in denen stockfinstere Nacht herrschte, standen allerlei Figuren und Kultnippes in kleinen Nischen, auf Sockeln oder auf Felsvorsprüngen herum, bunt-

*Alles für den Garten, Kunst aus Marmor*

lackierter „Tourismuskitsch", was jedoch nicht die Stimmung beeinträchtigte. Der Nebel aus zahlreichen Räucherstäbchen trug zum mystischen Gefühl des Ensembles bei.

Aus der Höhle ging es über eine Treppe durch ein kreisrundes Loch, das durchkrochen werden musste. Danach musste man sich auch noch durch einen schmalen Spalt quetschen. Wer ein bestimmtes Körpergewicht überschritt, für den gab kein Durchkommen. Auf grobgehauenen, vom Kondenswasser glitschigen Steinen führte der Weg weiter steil nach oben. Wer das geschafft hatte, gelangte zum Himmel, zwar vollkommen erledigt, aber glücklich. Belohnt wurde er mit einem phantastischen Blick auf das Meer und die umgebenden Berge.

Trotz anfänglicher Angst, haben wir uns doch nach oben gekämpft, immer auf der Hut, dass der Fotoapparat, der ständig an die umgebenden Steinwände schlug, keine Beulen bekam. Endlich völlig erschöpft oben angekommen, blickten wir stolz wie Bergadler in die Ebene hinab.

Der Weg zurück war dann doch um einiges bequemer als der Aufstieg. Es gab breite Holztreppen bis zum Ausgangspunkt unserer „Expedition". Weil mir der Aufstieg in die Knie gegangen war, stieg ich eine kleine Strecke zur großen Gaudi einer Gruppe junger Vietnamesen rückwärts die Treppen hinunter, was meinen Mann zu einer kleinen Reflexion über den unterschiedlichen Humor von Deutschen und Vietnamesen anregte und wozu er die kleine Anekdote schrieb:

# Was Vietnamesen komisch finden:

„Als der Buddhatempel bei Hue wider Erwarten und trotz großen Besucherandrangs zur Mittagszeit geschlossen blieb, drängten zahlreiche Menschen an die hölzerne Absperrung, oberhalb derer ein Fensterschlitz den Blick nach innen ermöglichte. Ich konnte hineinschauen, sah aber nur einen Mönch eine Tür neben einer Statue verschließen (und sonst nichts), doch meine Frau wollte auch mal, allerdings war der Ausguck für sie zu hoch. Kurzerhand hob ich sie an Po und Hüften hoch und „lupfte" sie in Sichtposition. Sie sah so auch nicht mehr als ich, aber die vier bis fünf Vietnamesinnen, die das Manöver beobachtet hatten, brachen in ein schallendes Gelächter aus. Es wäre wohl undenkbar, dass ein vietnamesischer Mann seine Frau oder Freundin derart öffentlich „gelupft" hätte.

Ebenfalls zum Kringeln finden es Vietnamesen beiderlei Geschlechts, wenn ein Ausländer eine steile Treppe sicherheitshalber rückwärts, also mit dem Gesäß voran, hinabsteigt, wie meine Frau das vom Marmorfelsen aus gemacht hat. Übrigens – kein Einheimischer klettert wie wir bei schwüler Hitze mit Händen und Füßen durch Felslöcher nach oben …

Dagegen scheinen es die Leute gar nicht lustig, sondern ganz normal zu finden, sich zu entleeren, wo immer es sie gerade überkommt: Vom Boot aus war zu beobachten, wie eine dicke Frau ihre Notdurft verrichtete und ihre Faeces in aller Öffentlichkeit von ihrem Marktstand am Kai in den Fluss entließ.

# Hoi An

Hoi An, für Vietnamesen der touristische Höhepunkt, wurde am Abend erreicht. Das Städtchen liegt an einem Fluss namens Thu Bon, 5 km von der Küste und ungefähr 30 km von Danang entfernt. Auf den ersten Blick fast europäisch anmutend, verstärkte sich dieser Eindruck noch. Kein Wunder, denn im 16. Jahrhundert blühte hier der Handel mit Europa. Portugiesen, Franzosen, Engländer und Holländer richteten hier ihre Handelsniederlassungen ein. Die ersten Missionare folgten auf den Fuß. Hier wurde den Vietnamesen auch die lateinische Umschrift überbracht, in einer dem Vietnamesischen angepassten Fassung. Das war eine hervorragende Bildungsinvestition für das Volk, denn wer konnte sich schon die chinesische Schrift aneignen? Vor den Europäern waren chinesische und japanische Händler nach Hoi An gelangt, der Ort wurde einer der bedeutendsten Warenumschlagsplätze Südostasiens, und noch heute ist hier etwas vom kosmopolitischen Geist des Ortes zu spüren. In Europa war die Stadt damals als Fai Fo bekannt, aus Hai Pho, was auf Deutsch „Platz am Meer" bedeutet.

Zunächst war ein entspannter Bummel durch den Ort angesagt. Überall über den Gassen japanische Stofflaternen. In kleinen nach der Straße hin offenen Läden schaukelten chinesische Lampions im unverwechselbaren Rot, wie wir es aus unseren Chinarestaurants kennen. Wie hätten wir je träumen können, jemals so nahe an China zu sein? Bei Vollmond, hieß es, solle das ganze Städtchen in ein Meer von Laternenlicht getaucht sein. Nur, der Vollmond schien noch nicht.

Die Chinesen haben hier neben anderen Meisterbauten prächtige Versammlungshäuser hinterlassen. Der Ort besitzt auch weiträumige Handelshäuser, viele kleine Galerien, Schneidereien und unzählige Restaurants und Suppenküchen. Der Rest: Souvenir-, Spielzeug-, Handwerker- und Elektronikläden.

Von besonderem Reiz ist eine Brücke am Ort, auch die „Japanische Brücke" genannt, die aus dem eher chinesisch anmutenden Ort etwas heraussticht. Sie ist überdacht, überspannt einen Nebenarm Thu-Bon-Flusses und stammt aus der japanischen Zeit der Stadt. Im Inneren befindet sich an jeder Seite ein kleiner Altar. Hinter einem Tisch aus Stein sitzt an einem Ende ein Hund, am anderen ein Affe.

Beide präsentieren sich wie Zollbeamte, die sich beräuchern lassen, mit dem Rauch, der sich aus den immer frisch angezündeten Räucherstäbchen hochschlängelt und Wohlgerüche verbreitet.

Hoi An ist eine Bummelstadt. Die kleinen Läden quellen vor Waren über,

*Mittagspause in der Markthalle*

jedoch anders als in Hanoi, wo das lebenspraktische Angebot überwog, gab es hier viel kunsthandwerklichen Kitsch. Auf den Tischen vor den Läden türmten sich Keramikpfeifchen, lustige Tonschweinchen und chinesische Wackelkopffigürchen. Der chinesische Einfluss überwog deutlich im Warenangebot.

Zahlreiche Gemäldegalerien waren offen zugänglich. Schon kleine Kinder führten sich wie waschechte Geschäftsleute auf. Ein kleiner Junge telefonierte auf seinem blauen Plastikhirsch mit dem Handy, ein anderer zielte aus einem Geschäft heraus mit seiner Plastikspritzpistole, die größer war als er selbst, auf Passanten.

Obwohl die Straßen gegen Abend Fußgängern und Fahrradfahrern vorbehalten waren, wurde man noch genug von Motorrädern bedrängt, die sich nicht scheuen, durch die Fußgängermassen zu fahren.

Der Fluss in der Stadt wartete mit einer Besonderheit auf: mitten im Wasser gab es eine Installation mit papierenen und glanzlackierten Tierfiguren in Übergröße und chinesischen Farben, rot, grün, gelb, ein Büffel, ein zum Himmel springender Karpfen, ein Drache, eine Schildkröte. Abstand: ungefähr 20 Meter und einfach nur schön und einladend. Hier scheint für die Welttouristen viel investiert zu werden. Selbst die Cola-Dosen waren hier hübsch mit Blumen verziert.

Am Abend, von der Terrasse eines Flussrestaurants, flackerten die Lampions und Lichter fast unwirklich vom anderen Ufer herüber. Es fing an zu regnen. Aus dieser Position ließ sich das Land „erträumen".

Heute Nacht haben wir das erste Mal unter Moskitonetzen geschlafen, aber es war eigentlich nicht nötig. Eine Riesenkakerlake huschte von einer Kühlanlage zur anderen. Ein wahrer Apparillo von einem Insekt.

# Markt in Hoi An, Thu-Bon-Fluss

Sechster Tag

## Markt am Fluss

Am nächsten Tag wurden wir zuerst durch einen bunten, teilweise überdachten Markt am Fluss geführt. Es waren unzählige Leute unterwegs, viel Gemüse wurde hier auf dem Kopf getragen, in langen Reihen hockten Frauen am Straßenrand und boten ihre Frischware an. Motorräder, teils mit äußerst muskulösen Kerlen bepackt, bahnten sich ihren Weg durch die Käufermassen. Ihre Lenker sahen sich nicht etwa bemüßigt, von ihren schweren Maschinen abzusteigen. Mit einer Geschwindigkeit von fünf Stundenkilometern kippten sie noch lange nicht um und betätigten ihre Einkaufe bei laufendem Motor, ohne abzusteigen.

*Fische im Korb*

Da gab es plötzlich ein Gekreische, eine schwer bepackte Radfahrerin stürzte, weil eine andere in sie hinein gefahren war. Es hagelte Beschimpfungen. Die Packen und Päckchen verteilten sich auf dem Boden und fluchend rappelte sich die Radfahrerin wieder hoch. Es war das erste Mal, dass ich hier eine Asiatin gesehen habe, die aus der Fassung geriet.

Vom Fluss aus wurde der Markt mit Waren beliefert. An der Anlegestelle der Boote am Fluss sahen wir den Marktleuten zu, wie sie die bunten Plastikschüsseln im Fluss auswuschen, in dem sich die vorerwähnte menschliche Fäkalie auf den Weg zum Meer gemacht hatte.

Während wir in Hanoi noch teilweise gefroren haben, war hier m Nachmittag die Hitze fast nicht mehr auszuhalten.

# Versammlungshäuser der Chinesen

Nach der Marktbesichtigung gab es das *Quan-Thang-Haus zu sehen*, ein Warenkontor, und die Familienkapelle der Familie Tran aus dem 19. Jahrhundert. Das Warenhaus war nicht weniger komfortabel ausgestattet als ein Lübecker Kaufmannshaus. Donnerwetter! Kleine Sitze gab es da für kleine Menschen wie mich, und ich entdeckte, dass es auch so etwas wie ein „Sitzglück" geben kann. Dazu grünen Jasmintee aus kleinen Porzellanbechern, die den Touristen zum Nippen gereicht wurden.

Eine Besonderheit der Stadt sind die so genannten *Versammlungshäuser* der Chinesen, Treffpunkte für die chinesische Exilbevölkerung. Wir besuchten das prächtigste. Man betrat es durch ein fast aufdringlich verziertes dreiflügeliges Eingangstor. Hinter dem Tor wurden an einem Kiosk Sonnenhüte und Fächer verkauft, die schon nach dreimaligem Wedeln auseinanderfielen. Ein bisschen Ikea-ähnlich? Im Hof ringelte sich ein Fabeltier, halb Fisch, halb Drachen vor einem Wasserbrunnen. Wasser sprudelte reichlich. Im Inneren des Versammlungshauses, das an einen Tempel erinnerte, baumelten von der Decke ungefähr hundert rote Lampen. Der Raum wurde von Säulen unterbrochen, dahinter bunte Altäre, an den Wänden Bilder von chinesischen Himmelsgöttinnen und Schiffen in Seenot, ganz nach dem Geschmack der Exilchinesen.

Die Versammlungshäuser sind auch heute Orte praktizierter Religion. Viele Vietnamesen beteten vor den chinaweit bekannten Göttern und Göttinnen, vor Generälen, und vor allem vor einer Figur, welche die „Mutter der Barmherzigkeit" hieß. Ein Mann, eine Art Küster, schlug mit einem Stab an eine goldene Glocke, sozusagen um den Erhörungsgrad der an die Götter gerichteten Gebete zu steigern. Auch kleine Kinder befleißigten sich des Bittens. Mehrere Göttinnen sollen helfen, unerfüllte Kinderwünsche zu erfüllen oder unkomplizierte Geburten zu ermöglichen. Auch das Geschlecht des Kindes könnte eine Göttin beeinflussen, wenn nur in der richtigen Weise darum gebeten wird.

## Auf dem Thu-Bon-Fluss

Später ging es zum Fluss. Hier posierten Fischer für die Touristen auf ihren Booten und führten einen Fischfang vor, betont langsam, als handle es sich um eine didaktische Veranstaltung für eine Schulklasse. Sie demonstrierten die einzelnen Abläufe des Fischfangs 10 oder 20 mal hintereinander, eigens für die Westler, ohne dass nur ein einziger Fisch ins Netz ging, zum großen Leid aller Fotowütigen wirklich kein einziger. War der Fluss etwa schon leergefischt?

Nebenbei war auf dem Wasser auch eine Pangasiuszuchtanlage zu inspizieren, ein bei uns inzwischen sehr gängiger Fisch, der als besonders ökologisches Produkt gepriesen wird. Das Wasser, aus dem er kam, wirkte allerdings höchst unappetitlich, um es direkt zu sagen, *äußerst* schmutzig. Nun ja, bei höherem „Durchbratungsgrad" des Fisches enterogastrisch wahrscheinlich ohne Bedeutung! Sehr sehenswert der Film „Die Pangasiuslüge", zu finden bei Youtube.

Es gab allenthalben kleine Inseln mit nichts als Gras und Stauden auf dem Wasser, welche den Kühen zur Weidung überlassen waren. Nicht auszuschließen, dass hier und da eine Kuh eine Grasinsel ganz alleine für sich besaß. Auf einer Insel, die man lediglich als einen Minigrasflecken bezeichnen konnte, trottete ein Kalb ans Wasser, nahm einen Schluck von dem Schmutzwasser und zog sich dann wieder ins Innere des Inselquadratmeters zurück. Eine Insel als Viersternehotel für Kühe. Aber Indien ist weit, und Kühe werden hier im Land zu feinsten Suppenzutaten verarbeitet zum Beispiel für die weltberühmte Pho-Rindfleisch-Nudelsuppe.

Am Abend leuchteten aus den Geschäften die bunten chinesischen Papierlaternen. Beim Geflacker der Lichter von der anderen Flussseite und bei Lachs, Kartoffelbrei und Gemüse auf einer schönen Flussterrasse konnte man sich der Friedlichkeit bewusst werden, die der Welt als ganzer innewohnen kann.

Günstig wohnen gegen Mithilfe
**Mitwohnen.org**

*Die Armada*

*Traffic in Saigon*

# SAIGON

Siebter Tag

## Und wiederum: Verkehrschaos

Der Flug von Hoi An nach Saigon dauerte ungefähr eine Stunde. Erster Eindruck: Völliges Verkehrschaos, noch um ein Vielfaches stärker als in Hanoi. Der Eindruck dieses deregulierten Verkehrsgeschehens in den Städten ist so unerhört, dass ich es immer und immer wieder neu beschreiben muss. In dichten Reihen brausten die Motorräder und Motorroller durch breite Straßen, hier fuhr jeder, wie es ihm in den Sinn kam. Brausen ist vielleicht zu viel gesagt, denn mit drei Millionen Mofas und Motorrädern, die sich dicht auf dicht durch den Verkehr wälzten, verbot sich ja jedes Brausen. Wem der Platz nicht reichte, der wich auf die Bürgersteige aus. Einfach alles wurde auf den Motorrollern befördert, Eisenstangen, Plastikwannen, Stühle, Sessel, Matratzen, Betten, Koffer, Kisten, schwere Baumaschinen, Ziegelsteine, Sand, Hühner, Eier, Schweine, Tintenfische, Goldfische, alles. Auch das Familienleben spielte sich auf dem Motorroller ab: Babys wurden auf dem Arm transportiert, Kleinkinder hopsten in voller Fahrt stehend auf dem Schoß der Mutter herum, während der Vater das Gefährt lenkte, das Bodenblech diente als Spielplatz. Immer wieder sahen wir Kinder wie Wurstscheiben zwischen ihren Eltern eingeklemmt auf dem Motorrad, von wo aus sie ängstlich oder neugierig zwischen ihren Erzeugern heraus spähten wie am Fell der Mutter festgekrallter Affennachwuchs.
Unser Hotel lag etwas außerhalb, in der Nähe des Flugplatzes, und wir waren als erstes vor die Herausforderung gestellt, die Straße vor dem Hotel zu überqueren, doch:

## Kunststück Straßenüberquerung

Ein Seitenwechsel war von der nicht ganz alltäglichen Sorte: Vom Hotel aus wollten wir zum Essen in die Lokale auf der gegenüberliegenden Straßenseite. Aber wie hinüberkommen? Es gab weder Ampeln, noch Fußgängerstreifen, und der Verkehr floss sechs-, acht- oder gar zehnreihig. Mehrmals nahmen wir einen Anlauf, uns durch den Verkehrsstrom zu schlagen, aber vergeblich, es ging einfach nicht. Völlig genervt gaben wir die Aktion auf. Aber eigentlich wollten wir dennoch in ein Lokal auf der anderen Straßenseite gelangen. Was also tun? Da kam endlich die zündende Idee: mit dem Taxi! Kurzerhand bestellten wir in der Hotelrezeption ein Taxi, um uns auf die andere Straßenseite zu bringen. Ich hatte nicht die geringste Lust, mein Leben als zerquetschter Igel in Saigon zu beenden.

## Chinesischer Markt von Saigon

Später ging es weiter im Verkehrsgewühl in der Innenstadt von Saigon. Die Sonne stach wie eine Akupunkturnadel vom Himmel, hier schien die Regel zu heißen: „The survival oft he fittest!" Wie gut, einen Abstecher in den „Großen Markt" im fünften Distrikt von Saigon zu unternehmen, den *Markt von Cho Lon,* den größten chinesischen Markt Vietnams. Zu Beginn des 20. Jahrhunderts galt Chinatown einmal das als das verruchteste Viertel der Stadt. Bordelle, Kasinos und Opiumhöhlen zogen hier Leute aus der ganzen Welt an, hier schossen Banden aufeinander, hier vergrub sich der Vietcong im Stadtdickicht. Nach dem Vietnamkrieg kam es zu starken Spannungen zwischen den Hoa-Chinesen, die als chinesische Einwanderer den Markt ja begründet hatten, und den Vietnamesen. Die Chinesen wurden von den Vietnamesen regelrecht gejagt, es kam zu Enteignungen der chinesischen Marktleute. Viele Vietnamchinesen verließen Ende der Siebzigerjahre als Boatpeople das Land, erst in den späten Achtzigerjahren konnten die Vietnamchinesen im Zuge der wirtschaftlichen Liberalisierung auf dem Markt wieder Fuß fassen.
Das riesige Marktgebäude präsentierte sich als eine Warenstadt mit unzähligen Straßen. Hier herrschten die Ameisen. Alles war in riesigen Warenterritorien organisiert. Man durchschritt unübersehbare Gassen von farbigen Schüsseln, knallbunten Badelatschen, Hüten, Helmen und Stoffballen aller Muster und Farben, vorbei an ewig langen Fleisch- und Fischständen, an denen die Fleischhauer hackten und klopften und mit scharfen Messern die Fische in Portionen zerschnitten. Frauen wühlten mit verschwitzten Händen in mit Hackfleisch gefüllten Schüsseln, eine Frau hockte auf einem Teppich mit Fleisch auf einem bodennahen Hockerchen, einen Schweinsfuß auf dem Schoß, von dem sie mit einem langen Messer die Fliegen und die unappetitlichen Teile herunterschabte. Es wurden auch alle Sorten von Penissen angeboten, Hirschpenisse, Ochsenpenisse, Schlangenpenisse, alles für die Potenz. Dazwischen hockten Kassierer hinter altmodischen hölzernen Kassen, gaben Wechselgeld heraus und sortierten Geldrollen. Die Enge, die Schwüle und das Geschrei in diesem Markt waren kaum auszuhalten

Kaum wieder aus dem Gebäude, kämpften wir uns weiter durch den Verkehr, durch den Rauch und Qualm der Essplätze. Da gab es Männer, die in der prallen Sonne auf ihren Motorrädern schliefen, den ohrenbetäubenden Lärm schienen sie gar nicht mehr wahrzunehmen.

Fehlte nur noch, dass einer mit seinem Geschnarche die Motorräder übertönte!

Mittagspause in einem Fastfood- Restaurant. Ein rotes Band vor dem Restaurant wies darauf hin, dass schon Bill Clinton hier eine Nudelsuppe gegessen hatte. Die Suppe hieß Pho, ebenso wie die vielen Nudelsuppenlokale einfach Pho heißen. Sie war mit viel Koriander gewürzt und enthielt reichlich geschnetzeltes Rindfleisch. Dazu gab es 333, das Saigoner Bier, das hier überall nur in Dosen gereicht wird.

Die normalen Besichtigungspunkte von Saigon wurden anschließend passiert: die Oper, das Ho- Chi- Minh- Denkmal, der Palast der Wiedervereinigung von Süd- und Nordvietnam, das Hauptpostamt, die Kirche Notre Dame und der Pagode des Jadekaisers, der wir einen kurzen Besuch abstatteten. Alle diese Sehenswürdigkeiten sind anderweitig bestens beschrieben.

Vor der Pagode des Jadekaisers verkauften Frauen Schildkröten. Man kann sie kaufen und freilassen und befreit sich so von einem schlechten Karma. Aber selbstverständlich werden sie von den Schildkrötenhändlern wieder eingefangen und neu verkauft. Denn es muss ja auch für sie ein kleiner Profit herausspringen. In einem Wasserbecken im Hof der Pagode gab es eine Schildkrötenzucht. Abertausende winzig kleiner Schildkröten, die das Klettern auf Brettern von Wasserwanne zu Wasserwanne zu trainieren schienen. Der ewige Zug des Lebens aus dem Wasser auf das Festland! Zwischen den Wannen Bretter als Brücken von einer Wasserstelle zur anderen. Warum das für Schildkröten wichtig ist, entzog sich meiner Kenntnis. Es gab Schildkröten in allen Größen. Es ging zu wie in einer überfüllten Badeanstalt für Schildkröten.

Im Inneren der Pagode herrschte ein Durcheinander von Götterfiguren wie in einem Museum, wo man nicht mehr hin wußte vor lauter Statuen. Welche Überfüllung mit Göttern! Welcher monotheistisch geprägte Westmensch überblickt das? Auf jeden Fall war der grüne Jadekaiser sehr majestätisch. Er gilt als Herrscher über Himmel und Erde und ist die höchste Gottheit im Daoismus.

Die Dächer der Pagode zierten farbige Keramikziegel und die vier heiligen Tieren Drache, Einhorn, Phönix und Schildkröte. Ein Raum im Tempel war dem Höllenfürsten und seinen zehn Höllenrichtern gewidmet. Auf holzgeschnitzten Wandpaneelen wurden alle erdenklichen Höllenstrafen gezeigt. Leider wurden wir hier so schnell durchgeschoben, dass keine Zeit zu näherer Inaugenscheinnahme blieb, und die Gruppe schon nervös auf und ab tänzelte, weil ich

*Der Fluchthubschrauber der Amerikaner*

noch länger schauen wollte. Aber in Asien hat man einfach nicht aus der Gruppe zu springen, und so ordnete auch ich mich ein.

# Kriegserinnerungsmuseum von Saigon

Für das „War Remnants Museum", das einstige „Museum der amerikanischen Kriegsverbrechen", wurde unserer Gruppe sehr viel Zeit eingeräumt.
Es wurde gleich nach dem Krieg, 1975, eröffnet. In ihm werden Erinnerungsstücke der amerikanischen Kriegsverbrechen dokumentiert, sowie die Kriegsfolgen für die Opfer der Gasangriffe und Entlaubungsaktionen. Man sieht Bilder, die einem das Herz zerreißen, entstellte Menschen, Kinder, Missbildungen. In einer eigenen Fotoausstellung, mit dem Titel „Requiem", sahen wir die Bilder, die von 134 Kriegsreportern, die selber im Krieg umkamen, aufgenommen wurden. Da gab es zum Beispiel das aufrührende Foto einer Mutter, die mit ihren Kindern einen Fluss bis in Brusthöhe überquerte, um vor den amerikanischen Bombenangriffen zu fliehen. Dieses Pressefoto lief um die ganze Welt. Dann Aufnahmen von GI's, die, hüfthoch im schlammigen Wasser watend, die Gewehrläufe auf Dorfbewohner gerichtet, diese aus dem Busch ins Wasser trieben, um sie

anschließend zu erschießen. Oder einen schwerbewaffneten Amerikaner, der die zerrissenen und zerfetzten Reste einer bis zur Unkenntlichkeit verstümmelten Vietnamesin wie eine Kriegsbeute hochhielt.

Von den drei Millionen getöteten Vietnamesen waren zwei Millionen Opfer aus der Zivilbevölkerung zu beklagen. Gezeigt wurden auch die Opfer der Aktion „Agent Orange", bei der die Amerikaner mit dem hochgiftigen Dioxin von oben die Bäume entlaubten. Dabei wurden über zwei Millionen Hektar Wald und landwirtschaftliche Flächen vernichtet. Besonders eindrucksvoll fand ich eine Ausstellung mit dem Titel „war and peace" mit Malereien vietnamesischer Kinder. Könnte es einen eindrücklicheren Appell an die Friedfertigkeit geben als diese sprechenden Gemälde aus der Hand vietnamesischer Kinder?

# Graham Green: „Der stille Amerikaner"

Wieder in der Stadtmitte boten ärmlich wirkende Frauen einen Raubdruck von Graham Greenes „Der stille Amerikaner" an, ein Roman,

*Kinder malen den Frieden*

der noch in der Kolonialzeit spielt, aber schon im Übergang zu der Zeit, als die Amerikaner in Indochina ihren Krieg vorsondierten. „Wunderschöner Roman, kaufen für fünf Dollar, schöne Geschichte..." bettelte eine kleine Frau, die den Krieg noch selbst erlebt haben dürfte. Sie hatte ganze Stapel von dem Roman unter dem Arm. Greene schildert in diesem höchst lesenswerten Roman die zwielichtige Atmosphäre vor und zu Beginn des Vietnamkrieges, in dem es von Verschwörungen, geheimen Vorbereitungen der Chemiewaffen, Liebesbeziehungen, Geheimspionage und Hotelatmosphäre nur so wimmelt. Der Roman ist spannend von der ersten bis zur letzten Seite, und Graham Green scheut sich nicht, zwischen den Zeilen die Dümmlichkeit eines jeden Krieges anzuprangern. Allerdings ist der Roman aus der Perspektive eines Westlers geschrieben. Der Krieg wird daher auch an manchen Stellen idealisiert und nicht in seiner Schmutzigkeit und Schuldhaftigkeit erfasst. Manchmal denkt man eher einem Actionfilm beizuwohnen als einem Krieg, einem Actionfilm, der sich vor einer Postkartenkulisse untergehender roter Sonnen abspielt. Wenn da zum Beispiel im Sonnenuntergang die Bomben in die Reisfelder krachen, dann wirkt das einfach kitschig, trotz der beschriebenen Grausamkeiten, die im Roman an vielen Stellen nicht ausgelassen werden.

Seitenweise wird der Leser im Roman auch durch Bars begleitet, er erlebt die Opiumräusche der Protagonisten, überfliegt im Hubschrauber den Dschungel, lässt sich von Sonnenuntergängen über dem roten Fluss während der Kampfangriffe ergreifen, kurz, man wird durch die ganze „Ästhetik des Grauens" geführt und liest das Buch wie einen Kriminalroman, der wahrscheinlich in großen Teilen wahr ist und nackte Fakten spannend verpackt. Im Roman werden auch die Großbordelle exakt beschrieben, in denen sich die Agenten und Unteragenten des Krieges der hübschen Mädchen bedienten, welche sich ihrerseits um die Gunst der Militärs nur so gerissen zu haben scheinen. Es geht in erster Linie um die Europäer und Amerikaner, die Vietnamesen sind lediglich Staffage. Das wäre an dem Roman aus heutiger Sicht zu kritisieren.

## Saigon im Vietnamkrieg

Ein Schmelzofen finsterer Gestalten und finsterer Machenschaften, mit denen die Kriegsmaschinerie angetrieben und unterhalten wurde. Saigon, das hieß auch: Agenten, Spione, Waffenhändler, Opiumumschlagplätze, Kriegsherren, Unterhändler asiatischer und westlicher Provenienz, und im Gefolge Bordelle, Schummerbars, Opiumschuppen, alles, wie man es aus den verschiedensten Romanen z.B. auch aus dem erwähnten Roman von Graham Greene oder aus diversen

Kriegsfilmen kennt nach dem Klischee: „Verdorbene Großstadt", Lasterhölle ...

Doch damit war es am 30. April 1975 vorbei und zwar mit einem Schlag, als der Vietcong in Saigon einrückte, und der letzte US-Hubschrauber vom Dach der amerikanischen Botschaft in Saigon abhob. Die Panzer eroberten den Präsidentenpalast, krachten mit Macht in das Absperrgitter, und wenige Monate später, am 2. Juli 1976, war die Sozialistische Republik Vietnam mit Hautstadt Hanoi geboren. Saigon hörte mit diesem Namen auf zu existieren und hieß nun offiziell Ho-Chi-Minh-Stadt.

Die Wirtschaft wurde verstaatlicht, die Privatwirtschaft ausgelöscht, die Bewohner in Lagern umzogen. Die Stadt wurde ein Ort von Erziehung und Erneuerung nach kommunistischen Plänen, bis zur wirtschaftlichen Erneuerung der Achtziger und frühen Neunziger Jahre, wo anfänglich zarte privatwirtschaftliche Pflänzchen inzwischen zu Riesenhalmen marktwirtschaftlichen Treibens herangewachsen sind mit allen Begleiterscheinungen innovativen Erfindergeistes, deregulierter Lebenslust und motorisierter Mobilität.

# Spaziergang „auf eigene Faust"

Nicht zu übersehen ist der wachsende Autoverkehr, der sich in die oft bis zu zehnreihigen Motorradschlangen schiebt, und vorwärtsdrängt, sich ausbreitet und die Stadt zumindest für eine eingeschüchterte und leidenschaftliche Fußgängerin wie mich, als eine gefährliche Schlange erscheinen lässt, die den Moloch „Saigon", wenn keine Abhilfe geschieht, früher oder später ersticken wird.

Weltoffenheit gegen Regulierung des persönlichen Lebens, wer mag den Outcome der gegenwärtigen Entwicklung beurteilen? Saigon muss sich erst wieder entfalten dürfen, bevor man sehen kann...

Von unserm gerade erst errichteten Hotel aus, in dem es noch süßlich nach frischem Mörtel und Beton roch, unternahmen wir einen kleinen Spaziergang, um selbst erste Eindrücke vom Alltagsleben zu einzuschnappen. Kaum hatten wir die Vorhalle verlassen, beschallte uns ohrenbetäubender Verkehrslärm. Direkt vor dem kleinen Hotelvorplatz führte ein stark schadhafter Bürgersteig vorbei, auf dem wir ein paar Gehversuche unternahmen. Dabei kamen wir an ein paar Garküchen vorbei, vor denen Einheimische auf ihren kleinen Hockern in Bodennähe aßen, redeten oder Karten spielten. Eine Frau kippte aus einer Plastiktüte den Salat, den sie gerade am zubereitete, direkt auf den Bürgersteig, sortierte die verfaulten Blätter aus, breitete den Salat auf dem Asphalt aus, wo die Hunde mit ihren Pfoten und die Fußgänger mit ihren Schuhen drüberliefen. Das schien niemanden zu stören. Dann wusch die Frau die guten Blätter des Salats in

einer mit Wasser gefüllten Schüssel und richtete anschließend den Salat auf Tellern an. Ein Stück weiter sahen wir Hunderte von Schuhen auf einer Matte auf dem Bürgersteig aufgereiht. Ein ganzes Schuhfeld. Für die Schuhe schien es mehr Sauberkeit zu geben als für den Salat. Es handelte sich ausschließlich um Schuhe aus robustem Leder, was uns ein wenig wunderte, da die meisten Vietnamesen, auch auf ihren Motorrädern nur Badeschlappen tragen. Wir fragten uns, wer diese Schuhe wohl kaufe? Aber damit nicht genug, etwas weiter weg folgten weitere solcher Schuhfelder, und mittendrin saß auf einem Plastikhocker der freie Unternehmer oder die freie Unternehmerin, las Zeitung und wartete auf einen Kunden. Schließlich hielten an einem der Felder drei junge Mofafahrer an, und einer von ihnen angelte sich ein paar Turnschuhe, ohne dabei von seinem Mofa abzusteigen. Nach einer Weile stieg er aber doch ab, um die Schuhe anzuprobieren. Sehnsüchtig schauten wir auf den Park auf der anderen Straßenseite, in dem Tai Chi praktiziert wurde. Hinüberkommen unmöglich! Das könnte Kopf und Kragen kosten! Also blieben wir auf der Seite der Schuhfelder.
Völlig entnervt retour ins Hotel zurück, um hier das Abendessen einzunehmen.

*Die Armada der Schuhe: Das Schuhfeld*

# Mekong-Delta

Achter Tag

Am vorletzten Tag unserer Reise ging es ins Mekong-Delta, von dem jeder von uns beiden ein idyllisches und romantisches Filmchen im Kopf trug. Vor allem dachten wir, Kilometer lang durch grüne Natur zu fahren. Doch es kam anders:
 Bis zum Mekong war alles restlos zugebaut. Das gleiche Verkehrschaos wie immer, nur noch dichter, noch undurchdringlicher.
 Die Fahrt aus der Stadt nahm über eine Stunde in Anspruch. Am Straßenrand konnte man den Vietnamesen beim Frühstücken zusehen.
Wenn sie damit fertig waren, warfen sie die Plastiktüten, in denen die Waren eingewickelt waren, einfach auf die Straße, wo sie dann liegenblieben. Um die Fahrt zum Delta wenigstens mental abzukürzen, plauderte unser Guide über dieses und jenes, über Abfälle, Reis- und Kokosnussverwertung und anderes mehr. Es war eine Art rollender Geographieunterricht:

## Abfälle

Abfälle werden nicht oder anders entsorgt. Das ist gewöhnungsbedürftig. Doch der Müll am Straßenrand schien niemanden groß zu stören. Es ist der Westen, der die Plastiktüten nach Asien importiert hat. Wäre das nicht geschehen, wäre dem Land einiges an augenscheinlicher Naturverschandelung erspart geblieben.

## Reis- und Kokosratten, Süßwasserschlangen

Unterwegs gab es dann doch einige grüne Reisfelder zu sehen. Das Mekong Delta ist ja die Getreidekammer Vietnams. Und es gibt Kokospalmen. Wo Reis ist, gibt es Ratten und wo Kokosnüsse wachsen, ebenfalls. Die Reisratten und die Kokosratten. Reisratten gelten hier als eine absolute Spezialität. Sie haben weißes Fleisch und werden mit Zitronengas gegrillt. Dazu wird Reisschnaps getrunken. Kokosratten sind schlau und verfügen über die Fertigkeit, Löcher in Kokosnüsse zu nagen und den Kokossaft herauszuschlürfen. Auch diese Rattenart wird gern gegessen, neben den Süßwasserschlangen, die wie anderes Fleisch auch auf den Speisezettel gehören. Die Nachfrage nach Schlangen wird von Schlangenfarmen bedient, von denen sich etliche im Mekongdelta angesiedelt haben.

## Hängemattencafés

Eine absolute Neuigkeit für uns waren die Hängemattencafés. Die Fahrt ging an vielen kleinen Cafés vorbei, die mit Hängematten ausgestattet waren. Hier konnten sich die Auto- und Mopedfahrer für 20 Minuten zum Schlafen hinlegen, ihr Fahrzeug bewachen lassen und sich einen Platz auf der Wiese zum Austreten zuweisen lassen. Ganze Familien mit Kleinkindern stiegen bei den in die Cafés ab und legten eine Ruhepause ein. Mit den bunten Hängemattentüchern sahen die Cafés aus wie kleine Schlafkolonien, sehr exotisch!

## Endlich am Mekong

Nach genau dreieinhalb Stunden nervenaufreibender Fahrt „in die Natur" bekamen wir endlich den inzwischen schon genervt erwarteten Mekong zu Gesicht.

## Flussbesichtigung

An einem quirligen Platz bei der zur Stadt Can Tho gehörigen Anlegestelle, warteten schon die Touristenboote, denen wir uns anvertrauten. In kurzer Zeit waren schon die „Schwimmenden Märkte" erreicht. Überladene große Kähne mit aufgemalten Karpfenaugen lagen träge im Wasser, beladen mit Kohlen, Holz, Eisenwaren. Der Markt war schon vorbei, denn er fand in den frühen Morgenstunden statt. Aus diesem Grund bekamen wir nur einen etwas „trägen" Nach-Markt zu sehen.

Das Wasser des Mekong präsentierte sich braun und schmutzig mit dem fauligen Wurzelwerk der Mangroven. Hinter dem Ufergestrüpp waren kleine Werkstätten versteckt, Wohnhäuser schauten hinter Bananenstauden heraus. Vor schäbigen Hütten saßen Leute und spülten Geschirr im Fluss. Abfälle schwammen im Wasser. Mal ging es durch enge Kanäle, mal über mehr offenes Wasser, in dem großblättrige Büschel von Grünzeug trieben. An manchen Stellen waren kleine Betriebe zu besichtigen. Hier wurden Produkte aus Reis hergestellt: Reispapier, Popreis, aber auch Kokosprodukte wie die süßen und klebrigen Kokosbonbons, die zur Kostprobe angeboten wurden. Sie schmecken leicht karamellartig und köstlich! Aus Kokosnüssen werden auch Teeservice, Kämme und Dachschindeln produziert. Es gibt nichts, was sich nicht aus der Kokosnuss herstellen ließe. Und Reispapier gab es in allen möglichen Geschmacksrichtungen, von salzig, neutral bis süß.

In einem etwas breiteren Kanal, als der „schönste" gepriesen, überraschte uns ein Mann, der aus einer Hütte ins Wasser sprang und einer gelben Spülschüssel hinterher schwamm. Dies gehörte zu den Highlights der Bootstour. Das Wasser, man könnte es als Kloake bezeichnen. Die vom Ufer ins Wasser ragenden Wurzeln, braun, mit schleimigem Rand und faulig stinkend.

Doch wartete die Tour auch mit kleinen Paradiesen auf. Nach einer Weile legte das Boot an einem Orchideengarten an, in dem Vögel zwitscherten und üppige Amaryllispflanzen herein winkten. Wir gingen vom Boot und auf Stegen in diesen Garten. Hühner badeten im Sand, Hähne warteten in Bambuskäfigen auf ihre Zubereitung. Der Rest des farbenprächtigen Federviehs spazierte umher oder ließ sich auf dem Geschirr der im freien stehenden Spülküche nieder. Wir rochen förmlich die Vogelgrippe.

In einem Käfig schlief eine Schlange. Sie ließ sich gegen ein kleines Entgelt um den Hals legen fürs Album zu Hause, aber keiner hatte wirklich Lust, sich das fettige Tier um den Hals zu legen. Zwei Frauen klapperten mit Geschirr in einer Küche im Freien. Ein Hahn döste unter einem Drahtgitter seiner Bestimmung entgegen. Er flatterte erschreckt auf, als ich seiner Todeszelle zu nahe trat. Daneben in einer Sandkuhle ein besonders prächtiges Exemplar von einem Hahn. Sein Kamm war leuchtend rot, und gelb sein Federkleid. Wie kann denn nur eine solche Schönheit zum Verzehr bestimmt sein? Aber der Hahn wirkte über eine solche Frage erhaben und sah überhaupt aus, als habe er seinen Sokratesbecher schon geleert. Kleine Küken huschten zur Seite, als wir an ihnen vorbeigingen.

# Elefantenohrfisch

Inzwischen war die Mahlzeit zubereitet. Sie wurde auf kleine mit rotweißkarierten Decken gedeckte Tische getragen. In einem Ständer eingeklemmt, der an einen Menükartenständer im Speisewagen der Eisenbahn erinnerte, wurde ein großer orangefarbener Fisch mit segelartigen Flossen und spitzen gelben Dornen serviert, dick wie Rosendornen. Diese nur entfernt mit Schuppen zu vergleichenden

*Produktion von Reispapier*

*Der Garten der Orchideen*

*Produktion von Reispapier*

*Hängemattencafé*

Gebilde sahen aus, als könne man sich daran stechen, doch letztendlich fielen sie butterweich auf den Teller. Der Fisch hatte wegen seiner weit ausladenden Flossen den sprechenden Namen Elefantenohr. Doch nach welchen Regeln sollte der zerlegt werden? Wir forderten Hilfe an. Wir sollten das Fleisch aus dem Fisch in kleinen Portionen mit Stäbchen (wer kann!) oder mit der Gabel herauspicken, auf Reispapier legen, dieses zu Päckchen rollen und dann essen. Und dies immer häppchenweise, bis der Fisch nur noch in seiner äußeren Gestalt, wie ein ausgebeinter Altbau auf dem Gestell stand.

Um diese Zerlegungsarbeit zum Erfolg zu bringen, halfen die Frauen, die sich der europäischen Ungeschicklichkeit in Essensdingen erbarmten. Das Reispapier war hart wie Schulheftpapier und weichte erst durch das aus dem Fisch tropfende Fett ein wenig auf. Die Frauen stocherten das weißliche Fleisch mit Gabeln heraus und wickelten es in Reispapier, welches erst durch das herabtropfende Fett biegsam und genießbar wurde. Beim Salat war begründetes Misstrauen angebracht, denn wer weiß, ob nicht die Hühner schon über genau unseren Salat spaziert waren? Zwei Frauen hatten Hühnerschenkel bestellt, was kam? Hühnerkrallen! Entsetzte Blicke auf das Objekt der Begierde, esse das, wer wolle!

Aber der Garten blieb dennoch ein sehr schöner Zwischenhalt auf dem Fluss, vor allem wegen der bunten Vielfalt der Orchideen, die in Tontöpfen wie Girlanden in der Luft hingen und ihre prächtigen mit schönsten Blüten bestückten Schnüre zur Erde fallen ließen.
Nach drei Stunden endete die Tour durch das Schmutzwasser.

# Noch ein bißchen Verkehr ...

Pünktlich zur Hauptverkehrszeit waren wir wieder in Saigon. Wieder durften wir am vollen Programm der „Hubraumexotik" teilnehmen. Um uns knatterte es und brauste es. Benzingestank hochprozentig. Es fehlte nur noch zu meinem Fotographenglück, ein Baby zu entdecken, das auf dem Motorrad gewickelt wird. Aber Schweine, die ihren Rüssel in den Fahrtwind hängten und erschöpftes Federvieh, zu ganzen Bündeln verdrahtet, das gab es reichlich zu sehen. Und wieder Fischspaliere mit Trockenfisch auf dem Gepäckträger eines Mopeds: Jedes Mal, wenn der Fahrer nach einem Stau von neuem Gas gab, wippten und wackelten die zu Pergament getrockneten Fischchen hin und her wie stumme Glöckchen.
Es war schon dämmerig, als wir unseren Standort in Saigon erreichten. Am Abend berichtete mir Reinhard, wie ich ein leidenschaftlicher Fußgänger, von seinen Eindrücke über die Stadt und den Verkehr, und ich räumte ihm einen Schreibplatz in meinem Bericht ein:

*Mitten im Berufsverkehr*

# Als Fußgänger in Saigon

„Nachdem gestern unser Versuch scheiterte, die Hauptstraße zu Fuß zu überqueren, startete ich heute den Versuch, so weit wie möglich zu gehen, ohne eine der Hauptmagistralen zu passieren. Links vom Hotel ging eine kleine, wenig befahrene Seitenstraße hinein. Die ersten Familienlokale stellten gerade ein paar Hocker für das späte Abendessen hinaus, viele Häuser standen, dampfend vor Feuchtigkeit, offen. Überall konnte ich einen Blick in das vietnamesische Innenleben werfen: Mal lag ein splitterdürrer 80ig-jähriger Opa, nur mit Unterhose bekleidet, auf einer Bodenmatte, mal guckte ein Buddhatempelchen mit Kerzen und Räucherstäbchen heraus, mal ein Sofa vor laufendem TV-Programm. Vorabend in Saigon: Niemand schien mich und meine Blicke zu bemerken, niemand sprach mich an, dieses Viertel war ganz und gar untouristisch. Jeder war mit sich selbst beschäftigt. Von Minute zu Minute nahm der Verkehr zu und mein Platz wurde zusehends enger. Da es vor zwei Stunden ein starkes Tropengewitter gegeben hatte, stand das Wasser grauschwarz an den Straßenrändern. Zwischen dem Dreckwasser links und Motorrädern auf den schmalen Gehwegen rechts blieb mir ein Spalt von wenigen Zentimetern, auf dem ich mich balancierend vorwärts bewegte. Hörte das Trottoir auf, musste ich links von den Pfützen auf die Straße ausweichen. Die Mopedfahrer berührten mich dann fast, so dass ich mich alle 30 Sekunden instinktiv unschaute, um mich zu vergewissern mich, dass mich niemand mitschleifen würde. Zwischendurch spannende Alltagsimpressionen: Ein Kindergarten ganz im Hof, in dem die Vierjährigen auf denselben niedrigen Plastikstühlen saßen wie sonst die Erwachsenen in den unzähligen Garküchen. Ein paar Häuserzeilen weiter war gerade die Schule aus, es war sechzehn Uhr dreißig. Laut hupend fuhren Väter und Mütter per Moped auf das Gelände, um ihre Kinder sicher heimzubringen. Diese standen schon mit Ranzen in der Hand abholbereit da. Nach wie vor war ich in einem Straßenabschnitt, auf dem sich Hunderte von Menschen motorisiert bewegten, der einzige Fußgänger. Plötzlich tauchte ein prunkvoller rosa Prachtbau vor mir auf, „International School of Saigon", eine Privatschule für die höhern Söhne und Töchter der neuen Eliten" Western Education – Eastern Values", stand groß über dem Eingang. Nach etwa 45 Minuten ohne Querung der Hauptstraße landete ich wieder verschwitzt und schlammbespritzt im Hotel Park Royal.

Über Mittag hatten Bärbel und ich uns ein Taxi bestellt, um auf die andere Straßenseite zu gelangen. Weder Portier noch Fahrer wunderten sich über diesen Wunsch. Vermutlich war es die kürzeste Stecke, die sie je gefahren sind. Von dort gingen wir drei Minuten zu einem Lokal, das von außen wie ein deutsches Bierlokal, von innen aber ganz japanisch anmutete. Außer uns gab es keine Gäste. Auf der Speisekarte prangten über 100 Gerichte, alle zweisprachig ausgeschrieben. Darunter acht verschiedene Froschgerichte. Unsere Bestellung war jedoch ein Reinfall! Mein Tofugericht entpuppte sich als Fleischsuppe mit Tofueinlage, aus Bärbels Frühlingsrollen schauten grimmige Garnelen heraus. Wir ließen alles stehen, während sich draußen mit Blitz und Donner das erste Nachmittagsgewitter entlud. Ein Taxi kutschierte uns die 150 Meter zum Hotel zurück".

Am nächsten Tag berichteten die Zeitungen, dass der Blitz in einer Stelle in Saigon ein Elektrokabel aus der Verankerung schlug und dieses auf eine Wasserpfütze traf, die eine Frau gerade überquerte. Die Frau war sofort tot. Es folgten in der Presse Lamentos, Beschuldigungen, Entschuldigungen, Rechtfertigungen und das Versprechen, genaue Nachforschungen anzustellen.

# CU CHI UND HO CHI MINH PFAD

Neunter Tag

Der letzte Reisetag galt dem Ho-Chi-Minh-Pfad, dem letzten Teilabschnitt an der Grenze zu Kambodscha. Dieses Gebiet wurde von den Amerikanern zur feuerfreien Zone erklärt, nachdem sie Zehntausende von Vietnamesen zwangsweise in strategische Wehrdörfer umgesiedelt hatten. Das ganze Gebiet wurde während des Vietnamkrieges von den Amerikanern ununterbrochen bombardiert.

*Friedhof bei Cu Chi*

Der weltweit berühmte Ho-Chi-Minh-Pfad ist ein unterirdisches, im ersten Indochinakrieg zunächst 50 km langes, dann im Vietnamkrieg auf 200 km verlängertes Tunnelsystem, mit dem sich der Vietcong gegen die amerikanischen Flächenangriffe während des Vietnamkrieges zum einen schützte, zum anderen einen Weg schuf, um Truppen in Richtung Saigon zu konzentrieren, die Versorgung von Lebensmitteln zu gewährleisten und den Waffentransport zu bewerkstelligen. Der Tunnel bestand aus zahlreichen Querstollen und mehreren Stockwerken und war mit der einer Stadt vergleichbaren Infrastruktur ausgestattet. Teils lebten Kämpfer und Zivilbevölkerung mehrere Jahre lang in den Stollen und manch ein Bewohner erblickte das „Licht" der Welt in einem der Stollen.

Dem Vietcong gelangen aus diesem Verteidigungssystem heraus zahlreiche Angriffe auf die Amerikaner und erst als diese sehr massiv wurden, errieten die Amerikaner das System des unterirdischen Kriegspfades. Damit begann die Entlaubungsaktion der Wälder in diesem Gebiet mit chemischen Giftstoffen. Teile des Tunnels wurden unter Wasser gesetzt, Schäferhunde auf die Kämpfer angesetzt, jedoch erwies sich die Strategie des Vietcong als erfolgreicher.

In Cu Chi angekommen, bekamen wir zuerst einen Partisanensticker aufs T`Shirt geklebt. In einem Vorführraum wurde ein Film aus den Sechziger Jahren gezeigt. Man sah fröhliche kleine Kämpfer und Kämpferinnen bei der Herstellung und Reparatur der Waffen. Dazu Musik. Wieder draußen, ringelten sich am Boden Hunderte von Tausendfüßlern bei geringster Erschütterung zu harten Schneckennudeln zusammen. Neben dem Vorführraum begann ein festgelegter Rundgang durch einen Abschnitt des Ho-Chi-Minh-Pfades und der Tunnelkonstruktion. Hier gab es die verschiedenen Fallen für den Feind, Bombenkrater, von der B 52 geschlagen, künstliche Termitenhügel, Tunneleinstiege, Tunnelstrecken, für korpulente Europäer eigens verbreitert. Am Ende Schießplätze und Souvenirshops mit „Kampfdevotionalien", wie ich das mal vorsichtig nennen möchte. Auf den Schießständen konnten sich waffenerpichte Jugendliche und infantil gebliebene Männer an M-16- oder russischen AK 47-Schnellfeuergewehren abreagieren, was wieder einmal auf die ewige testosterongesteuerte Urdummheit gewisser Männer schließen ließ.

Ich muss gestehen, dass mich dieser Teil der Reise nicht sonderlich beeindruckt hat. Zu sehr erinnerte mich der Ort an einen Rummelplatz. Dass ein Soldat in Tarnkleidung den Einstieg in den Tunnel zelebrierte, war sonderbar. Um wie viel nachhaltiger waren die Kinderzeichnungen im Museum der Kriegshinterlassenschaften, das wir in Saigon besichtigt hatten!

In den Shops am Ausgang gab es allerlei kleinen Kriegskrimskrams zu kaufen, unter anderem Spielzeugflugzeuge aus Dosenblech von Cocacola, Heineken, Bier der Marke Tiger, Kanister aus Blech und Kampfbeutel aus dem Stoff der Kampfuniformen. Dazu in Schnaps eingelegte Schlangen, Reisschnaps und andere Dinge mehr.

Auf einem Tisch quälte sich eine Grille, die nicht mehr auf die Beine kam. Alle zückten die Kameras, um das strampelnde Tier zu knipsen. Wie seltsam die Leute sich manchmal verhalten. Warum soll man das knipsen, wenn ein Tier hilflos auf einem Biertisch herumstrampelt? Fotografieren ist manchmal eine Jagdform, und man will zu Hause damit herumprahlen.

Zurück in Richtung Saigon waren die Folgen der Entlaubungsaktionen der Amerikaner noch deutlich zu sehen. Aus dem Boden wagten sich wieder zarte Pflänzchen hervor. An manchen Stellen hatte man Pflanzungen mit Eukalyptusbäumen angelegt, Bäume, die rasch in die Höhe schießen, aber den Boden austrocknen. In den Feldern waren auffällig viele Friedhöfe zu sehen.

Noch am gleichen Tag ging es direkt zum Flughafen. In der Wartehalle kamen uns vietnamesische Kinder entgegen, die gerade von Europa und Amerika eingereist waren. Sie waren auffallend dick im Unterschied zu den Kindern, die wir hier jeden Tag gesehen haben.

Bis zum Abflug vertrieben wir uns die Wartezeit mit einem Werbefilm über deutsche Wurst, der von einer Großleinwand flimmerte. Zwei dünne vietnamesische Kinder saßen vor kilogrammschweren Wurstteller, griffen sich ein Rädchen Wurst nach dem anderen von der Wurstplatte, stopften sich die Wurst in den Mund, während Wiener Würstchen und Schinkenteile ihnen wie Geschosse um den Kopf schwirrten. Mir schoss durch den Kopf, dass dicke Kinder gemacht und nicht geboren werden und Reinhard, meinem Mann fiel der Kalauer ein, dass Haribo Kinder froh macht und Erwachsene ebenso.

Dann endlich wurde der Flug aufgerufen, und schon wenig später landeten wir in Hongkong. Es blieben noch ein paar Stunden Zeit bis zum Abflug nach Frankfurt. Hier fuhren wir mit einem Transrapid ins Zentrum, unternahmen eine Hafenrundfahrt und verloren uns bei heraufziehendem Schauerwetter in den Hochhausschluchten der Stadt.
Nach zwölf Stunden Flug waren wir wieder in Frankfurt.

---

**Der Verlag sucht weitere zum Programm passende Manuskripte!**
Auch für gute Reiseberichte, Beobachtungen und Tipps gibt´s ein Freiexemplar aus dem Verlagsprogramm bzw. bei substaniellen Beiträgen auch eine Bescheinigung über eine redaktionelle Mitarbeit.
*info@interconnections.de*

*Das Standardbild: Kämpfer beim Einstieg in das Tunnel*

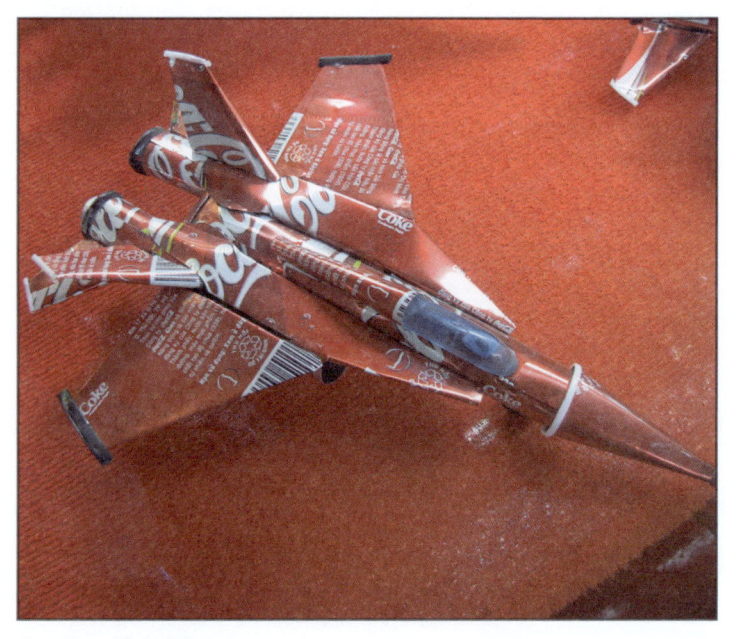

*Der CocaCola-Flieger*

*Ohne Worte*

*Schulkinder winken aus dem Truck*

# LITERATUR

## I. Reiseliteratur

*Dumont Richtig Reisen: Vienam.* 2008
Sehr detailliert, informativ und sachlich. Gute Kurzcharakteristiken des kulturellen und geschichtlichen Hintergrunds

*Iwanowski's Vietnam:* Tipps für individuelle Entdecker. Reisebuchverlag Iwanowski, Dormagen. 2009
In sachlichem Stil geschrieben, fundiert, ohne Schnörkel für mich das praktikabelste und beste Buch zum Land in puncto Reiseführer.

*Vietnam, Kambodscha und Laos.* Petrich, Martin H., Dumont Kunst Reiseführer. Dumont Reiseverlag. 2008,
Hervorragender Kunstführer zum Nachschlagen an Ort und Stelle. Tipp: Schauen, nachschlagen und wieder schauen.

*Konfuzius,* Zotz Volker. rororo Monographie. 2008
Fundierte philosophische Grundlage für Laien zum Verständnis von Religion und Mentalität der Vietnamesen

*Vietnam,* Gallimard. Bibliothèque du Voyageur. 2006, Enthält gutes Bildmaterial und den etwas anderen französischen Blick auf das Land. Sinnvoll als Ergänzungslektüre

*National Geographic Traveler Vietnam.* Jährlich erneuerte Auflage. Praktisches Taschenformat für nebenbei.

*Vietnam.* Kotte, Heinz und Siebert, Rüdiger. Die neue Zeit auf 100 Uhren. Lamuv Taschenbuch 301. Göttingen: 2001
Hervorragende Vietnam-Reportagen mit vielen Hintergrundinformationen. Politisch fundiert, engagiert, anschaulich und lebendig. Politisches Sachbuch. Man merkt beim Lesen, dass die Verfasser profunde Kenner Südostasiens sind. Heinz Kotte war von 1968 bis 1974 mit verschiedenen internationalen und vietnamesischen Organisationen in der humanitären Hilfe in Vietnam tätig, die er kritisch und sachkundig beschreibt. Rüdiger Sieber ist Redaktionsleiter der Deutschen Welle und Verfasser zahlreicher Sachbücher über Südostasien.

*Vietnam.* Kunz, Johannes. Interconnections. Freiburg 2008–2009
Netter, jugendlich geschriebener Erlebnisbericht eines sechsmonatigen Aufenthaltes, mit Abstecher nach Laos und Kambodscha. Dem jungen Autor kann man nachsehen, dass er Kraniche für Störche hält. (S.u.)

*Water puppetry.* Hanoi 2006. Nguyen Huy Hong
Auf Englisch. Schön bebilderte Kurzeinführung in das vietnamesische Wasserpuppentheater

*Champa Sculpture.* Dieu Khak. Publishing House: Hanoi 2001 VNA
Schöner Bildband über die Champa Kultur. In englischer Sprache.

*1968 – Eine Zeitreise.* Gilcher-Holtey, Ingrid, darin Kap. 1, 2, 22. Frankfurt: Edition Suhrkamp 2536.
Sehr informative Texte über das internationale Echo auf den Vietnamkrieg.

---

**www.interconnections.de | Shop**

# Vietnam

**Mit Abstecher nach Laos und Kambodscha**

ISBN: 978-3-86040-139-2

Preis: 12,80 Euro

Umfang: 124 Seiten

Broschierte Ausgabe

*Viele Insidertipps und Farbfotos*

Spannende Reiseberichte und Reiseführer mit vielen guten, preisgünstigen Adressen und Tipps.

Der Autor lebte und arbeitete sechs Monate in Hanoi, Vietnam und bereiste während dieser Zeit auch das gesamte Land. In diesem Buch hat er seine Erfahrungen in einem teils spannenden, teils amüsanten, immer aber persönlichen Reise- und Erfahrungsbericht wiedergegeben. Dazu auch seine Eindrücke von einem Abstecher nach Laos und Kambodscha.

*Lotosblüte, Mekong-Delta – Symbol für Werden und Vergehen*

*Drachenboote, Hue*

## II. Belletristik

Leider ist bisher nur sehr wenig in Deutsch übersetzt. Jedoch gibt es eine sehr gute Auswahl vietnamesischer aktueller Schriftsteller in französischer Sprache, z.b. in der Buchhandlung Kleber in Straßburg.

*Dang Thuy Tram:* Les Carnets retrouvés (1968–70).
Editions Philippe Picquier: 2010
Ein wieder aufgefundenes Kriegstagebuch

*Duong Thu Huong:* Itinéraire d'enfance.
Sabine Wesper Editeur, Paris: 2007, Originalauflage: Hanoi: 1985
Ein Meisterwerk! Über eine Kindheit im kommunistischen Vietnam Ende der 50iger Jahre mit eindrücklichen Darstellungen des Alltags und Familienlebens. Von konfuzianischem Ethos durchdrungen. Dieses Buch hat in seinem Erscheinungsjahr ein sehr großes Echo in der Presse und bei der französischen Leserschaft gefunden. Eigentlich sehr schade, dass es nicht ins Deutsche übersetzt wurde und heute wohl fast in Vergessenheit geraten ist.

*Duong Thu Huong:* Roman sans Titre
Antoinette Fouqué, Reihe: Des femmes. Paris: 1992
Ebenfalls ein atmosphärisch dichtes Meisterwerk. Geschildert wird das Leben im Kampf aus der Sicht eines Vietkongkämpfers. Man erfährt, was es heißt, den Krieg im Dschungel durchzustehen. Die Schilderungen sind glaubwürdig und ganz vom Erleben her erzählt. Die Erzählung ist von großer Solidarität der Menschen untereinander getragen.

*Duong Thu Huong:* Au Zénith
Sabine Wespieser Èditeur.Paris: 2009
Die Lebensgeschichte des Ho-Chi-Minh als Roman. Ein Meisterwerk!

*Farovik Tor:* In Buddhas Gärten
Malik National Geographic. Reihe Reisen. Menschen. Abenteuer
Piper Verlag, München: 2009
Einfach nur wunderschön zu lesen, vor allem die Lebensgeschichte des Buddha Gauthama

*Huynh Quang Nhuong:* Mein verlorenes Land. Erlebnisse eines Jungen aus Vietnam.
Aus dem Vietnamesischen übersetzt von Helga Pfetsch, illustriert von Jub Mönster. Sauerländer 1987. Zweite Auflage: 1987.
Eine sehr anrührende Kindheitsbiographie aus dem zentralen Hoch-

land von Vietnam. ÄäääJugendliche erfahren alles, was sie über Tiere in Nordvietnam wissen wollen in eindrücklichen Schilderungen. Vor allem die spannend dargestellten Abenteuer der Kinder mit den gefährlichen Raubtieren und die angewandten Jagdlisten lassen einem die Haare zu Berge stehen.

*Kemp, Hans,* Bikes of Burden.
Volk-Verlag, Hilden:2011 in deutscher Übersetzung.
Bildband über vietnamesische Transportsysteme mit verstörenden Farbaufnahmen über den Transport lebender Enten, Hühner, Küken, Gänse, Schweine, Fische auf Motorrädern. Aber auch die Nutzung der Hondas als Hundetaxis und viele Eindrücke mehr.
Kleine Vietnam-Edition: Neue Buchreihe des Mitteldeutschen Verlags: Moderne vietnamesische Literatur in neuen Übersetzungen direkt aus dem Vietnamesischen. Eigenverlag der Freundschaftsgesellschaft Vietnam
Lac, Juliette: War Child.
Mainstream Publishing, Edinburgh und London: 2009.
Autobiographie einer Schriftstellerin, die mit den Boatpeople nach Amerika floh.

*Le Minh Khue*, Kleine Tragödien,
Mitteldeutscher Verlag, Halle 2009
Eine wirkliche Entdeckung! In prägnanten Kurzgeschichten beschreibt die vietnamesische Journalistin Minh Khue den Überlebenskampf der Vietnamesen im Übergang vom Vietnamkrieg zur marktorientierten Gesellschaft Vietnams. Man erfährt Verstörendes über den Einsatz der jungen Menschen hinter den Fronten und ihre Alltagsbewältigung im Krieg. Und viele Geschichten über moderne Liebesbeziehungen und Sonderlinge.
Thema ist auch die Herausbildung von Klassengesellschaften nach dem Krieg. Die Autorin beschreibt die Menschen in ihrem Überlebenskampf wie auch die Gewinner der Reformphase in ihrer Saturiertheit und in ihrem erstarrten Autoritarismus präzise, illusionslos und einfühlsam. Eines der wenigen, direkt aus dem Vietnamesischen ins Deutsche übersetzten Bücher
Mitteldeutscher Verlag," Bibliothek der Entdeckungen".

*Nguyen Khac Vien et Huu Ngoc et al.*: Mille Ans de Littérature Vietnamienne. Une Anthologie.
Piquier Poche: Arles: 2000
Eine Anthologie mit Textproben vietnamesischer Literatur von 1000 bis heute. Sehr lesenswert, aber mit dem traurigen Nachgeschmack, dass einfach vieles noch nicht übersetzt ist, auch nicht ins Französische.

*Nhuyen Quang Thieu:* La petite marchande de vermicelles
L'aube poche: 1998, Letzte Auflage: 2001
Wunderschöne Kurzgeschichten über das Alltagsleben in Vietnam.
Anrührend.

*Nguyen Huy Thiep: À mes vingt ans!*
Aus dem Vietnamesischen ins Französische übersetzt. Éditions de l'aube: 2011-10-23
Ein sauflott, meist schnodderig geschriebenes Adoleszenzromänchen des modernen Vietnam der 90iger Jahre,
Spielt in Hanoi und gibt einen Eindruck des marktkommunistischen Alltags und der Hanoier Jugendszene, sowie Einblicke in einen Vater-Sohn-Konflikt.

Ders.: Mon oncle Hoat et autres nouvelles. Édition de l'aube: 2010

Ders.: Un géneral à la retraite: Édition de l'aube 2010

Ders.: Mademoiselle Sinh: Édition de l'aube: 2010

Ders.: La vengeance du loup: Édition de l'aube:2008

*Pham Thi Hoai:* Sonntagsmenu.
Unionsverlag: Zürich: 1995
Wunderbar respektloses, satirisches Buch über aktuelle Zuständlichkeiten in Hanoi in Kurzgeschichten.

*Prüfer, Benjamin, Gebrauchsanwesung für Vietnam, Laos und Kambodscha.*
Piper Verlag, München: 2011
Lesenswert sind in den Kapiteln zu Vietnam in Bezug auf den vorliegenden Reisebericht vor allem die Bemerkungen zum Straßenverkehr und das Kapitel über das Mekong-Delta

*THE GIOI Publishers:* Vietname Folk-Tales, Satire and Humour,
Hanoi: 2006

*Thürk, Harry,* Dien Bien Phu. Die Schlacht, die den Kolonialkrieg beendete.
Mitteldeutscher Verlag: Halle 2011
Tatsachenroman über die wahren Hintergründe des ersten Indochinakriegs. Unbedingt lesenswert.

*Yu Dan,* Konfuzius im Herzen. Alte Weisheiten für die moderne Welt.
Droemer, München: 2009
Ein Buch zum Nachschlagen und Anwärmen in Sachen Konfuzianismus

# Religion und Geschichte

## Religion

Die Religion in Vietnam ist synkretistisch, also eine Mischung aus Ahnenkult, Buddhismus, konfuzianischem Ethos und daoistischem Götterglauben. Viele Vietnamesen sind Anhänger des Mahayana Buddhismus.
Rund 7 % sind katholisch, 500.000 protestantisch und lediglich 100.000 muslimisch.
Chuas
   So heißen die *Pagoden,* die man oft an schönen und erhabenen Landschaftsplätzen findet. Oft sind es spirituelle Zentren mit angeschlossenem buddhistisches Kloster. Auch in der kommunistischen Zeit gingen die Menschen zu feierlichen Anlässen oder auch einfach, um Zuflucht und Trost zu finden, in die Pagode. Wer hungerte, bekam dort auch zu essen, wer krank war, wurde versorgt.
   Götterhimmel im Daoismus
   In vielen Tempeln findet man ein ganzes Arsenal von Göttern stehen; die Aufstellung folgt meist nach bestimmten Regeln, für einen Europäer verwirrend: Da steht der Erdgott neben dem Höllenwächter, Buddha neben dem Bodhisattva, der Jadekaiser aus grünem Stein sitzt auf einem goldenen Thron am hinteren Ende in der Mitte.
   Oft gibt es über 100 Götter, die in strenger Ordnung ihre Position einnehmen. Da steht z. B. vorne der Buddha Amitabha, gefolgt von einem kindlichen Buddha mit erhobenem Zeigefinger, dann ein dickbäuchiger Buddha, der Buddha Maitreya.
   Im vorderen Drittel sitzt der Jadekaiser mit seinen Ministern Nam Tao und Bac Dau, sowie die Göttin der Barmherzigkeit (Quan An). Dazu kommen Dreiergruppen von Buddhas, die Buddhas der drei Zeiten (Tham, The, Pat) und von links nach rechts: Buddha der Vergangenheit (Amithaba), Buddha der Gegenwart (Shakyamuni) und der Buddha der Zukunft(Maitreya).
Auf Seitenaltären stehen die 18 Arhats, die als erleuchtete Nachfolger Buddhas für die Ausbreitung des Mahayana-Buddhismus eine wichtige Rolle spielten. Neben ihnen oder im hinteren Tempelbe-

reich werden auf eigenen Altären die 10 Höllenrichter, auch Höllenkönige genannt, verehrt. Dazu kommen Nge, das sind kleinere Tempel zur Verehrung des Schutzgeistes und den, größere Tempel zur Verehrung von Schutzgeistern verstorbener Könige oder Nationalhelden. Die verehrte Gestalt wird durch eine Statue oder durch einen leeren Thron und eine Namenstafel repräsentiert. Sänften, hölzerne Pferde oder Elefanten stehen zur Beförderung der verehrten Peron bereit.

## Heilige Tiere und heilige Pflanzen

In Tempelanlagen, aber auch in Literatur, Kunst und Architektur trifft man immer wieder auf vier heilige Tiere und vier heilige Pflanzen, die der chinesischen Mythologie entlehnt sind:

| Tiere: | Pflanzen: |
|---|---|
| Drache | Aprikose |
| Einhorn | Orchidee |
| Kranich | Chrysantheme |
| Schildkröte | Bambus |

Am häufigsten trifft man auf den Kranich, der auf einer Schildkröte steht. Der Drache symbolisiert die kaiserliche Macht. Wichtig ist auch der Karpfen, der für das menschliche Streben steht.
Daneben spielt im Alltag die Lotosblume die wichtigste Rolle. Mit ihren jeweiligen Blütenphasen ist sie ein Symbol für Werden und Vergehen. Die geschlossene Lotosblüte findet man jeweils doppelt vor den kleinen Grabtempeln in den Reisfeldern.

*Der Drache symbolisiert kaiserliche Macht*

# GESCHICHTE

**1850** Kolonialisierung durch die Franzosen:
Sie erfolgte in der Zeit des Kaiser Tu Duc (1848-1883). Tu Duc zwang die Katholiken Vietnams, von ihrem Glauben abzufallen. Katholiken waren durch die katholische Mission nach Frankreich gekommen. Dabei spielte die 1658 von François Pallu gegründete „Société des Missions étrangères de Paris" eine zentrale Rolle. Das Verhältnis zwischen Katholiken und Herrschenden war nie ohne Spannungen, jedoch hatte ein gewisser Bischof namens Pigneau de Béhaine durch einen Einfluss auf gegeneinander Krieg führende vietnamesische Gruppierungen (Sieg der Gia Long über die Tay Son) erreicht, dass französische Händler und Missionare frei tätig sein durften, nachdem Alexandre de Rhodes (1591-1660) nach nur drei Jahren Missionierungstätigkeit das Land wieder hatte verlassen müssen. Aber auch danach blieb das Verhältnis zwischen Katholiken und Herrschenden weiter angespannt.
Franzosen wie der Admiral Marie-Jules Dupré, Francois Garnier und der Salz- und Waffenhändler Jean Depuis versuchten, den Roten Fluss für den Handel mit China freizumachen. Dem stand jedoch das königliche Handelsmonopol im Weg. 1873 ließen sie daher die Zitadelle von Hanoi bombardieren und bekamen so Städte des Roten-Fluss-Deltas wie Ninh Binh und Hai Phong unter ihre Kontrolle, was den Franzosen aber erst nach Gefechten mit nordvietmesischen Stämmen, vor allem den Ho, dann erst 1848 endgültig gelang, als der vietnamesische Norden *(Tongking)* zum französischen Protektorat erklärt wurde. Vor allem königsnahe Intellektuelle waren erbitterte Gegner der französischen Kolonialherren, die unter den Franzosen viele Privilegien verloren hatten. Die Franzosen behielten die militärische Übermacht. Erst die kommunistische Bewegung unter Ho Chi Minh konnte, da sie eine gute Organisation aufwies und international unterstützt wurde, eine breitere Widerstandsbasis aufbauen.
1930 wurde von Hongkong aus die Kommunistische Partei Vietnams gegründet, und noch im selben Jahr zur kommunistischen Partei Indochinas ausgebaut. Volksaufstände infolge der Verelendung großer Teile der Bevölkerung durch die *Weltwirtschaftskrise von 1929* wurden von der Kolonialmacht mit großer Brutalität niedergeschlagen, einer Brutalität, die selbst bei französischen Politikern auf heftige Kritik stieß.

*Ab 1940:* Mit dem *Zweiten Weltkrieg* gewann Japan einen zentralen Einfluss auf ostasiatische Länder. Frankreich war durch die deutsche Besatzung politisch geschwächt, was es Japan ermöglichte, Indochina unter sein Protektorat zu bringen. Frankreich durfte lediglich seine Kolonialadministration aufrechterhalten, die Militärherrschaft hatte Japan inne. Unter den Japanern wurde Japan noch stärker ausgebeutet als schon unter den Franzosen. Die Japaner brachten gegen Ende des Zweiten Weltkrieges die gesamte Reisernte Vietnams nach Japan, was den Hungertod von über einer Million Vietnamesen zur Folge hatte.

*1941* gründeten die vietnamesischen Kommunisten die Liga für die Unabhängigkeit Vietnams (Viet Nam Doc Lap Dong Minh Hoi), kurz *Viet Minh*. Durch den Partisanenkampf gelang es Ho Chi Minh, Teile Nordvietnams unter Kontrolle zu bringen. Anfang 1945 rissen die Japaner die vollständige Kontrolle über die französische Kolonialverwaltung an sich. 1945, nach der Kapitulation Japans, gelang den Viet Minh die Einnahme Hanois. Die Demokratische Republik Vietnams unter der Führung Ho Chi Minhs wurde ausgerufen.

**1945-1954:** Erster Indochinakrieg:
Auf der Potsdamer Konferenz teilten die Siegermächte Vietnam in den von der nationalchinesischen *Guomindang* kontrollierten Norden und den von den britischen Besatzungsgruppen kontrollierten Süden. Das rief den Widerstand Frankreichs hervor, das seine ehemalige Kolonie nicht aufgeben wollte. Frankreich drängte auf den Rückzug der britischen Besatzungstruppen aus dem Norden Vietnams in einem am 28. Februar mit der *Guomindang* geschlossenen Vertrag.

1946 besetzten französische Truppen Haiphong. In einem Vertrag mit der Demokratischen Republik. Frankreich erkannte Vietnams (abgekürzt DRV) als freien Staat mit eigener Regierung und Armee unter der „Union Francaise" an. Das war aber nur ein Deckmantel, unter dem sich das Herrschaftsinteresse Frankreichs verbarg. Ho Chi Minh forderte die *volle* Unabhängigkeit. Es kam zu erbitterten Kämpfen im Norden und in deren Folge zur Bombardierung Hai Phongs. Am 23. November 1946 mussten über 6000 Zivilisten ihr Leben lassen. Es kam zum *Ersten Indochinakrieg,* der von nordvietnamesischer Seite mit Guerillataktik geführt werden musste, da die Franzosen militärisch überlegen waren. Schnell geriet der Unabhängigkeitskampf in den Sog des Kalten Krieges. Nach der Dominotheorie der Amerikaner bestand die Befürchtung, dass nach China auch Vietnam sowie weitere ehemalige Kolonien kommunistisch werden könnten, so dass die US-Regierung ab Mai 1950 mit verstärkter Hilfe für die Franzosen eingriff.

Trotz den Truppen von insgesamt 160.000 Mann – darunter 2000 deutsche Fremdenlegionäre, gelang es den Franzosen nicht, den Partisanen unter der Führung von *Vo Nguyen Giap* Herr zu werden. Die

*Die Nationalfahne von Vietnam*

Franzosen versuchten daher, den Viet Minh im Bergland des Nordens an der Grenze zu Laos, wo diese starke Unterstützung hatte, Verluste zuzufügen. Man verlegte die militärstrategisch als unschlagbar geltende Garnison des Dien Bien Phu mit 15.000 Mann in die Berge, unweit der Grenze zu Laos. Die Franzosen rechneten jedoch nicht mit dem entschiedenen Widerstand der Guerillatruppen. General Giap hatte schwere Geschütze an die Grenze von Laos befördern lassen, und das unter unsäglichen Anstrengungen. 1954 kam es zur Kapitulation Frankreichs. Ein Desaster ohnegleichen für Frankreich. Der Held war General Giap. Die Franzosen mussten der kommunistischen Regierung Nordvietnams weichen.

Beim *Genfer Abkommen* vom 21. Juli 1954 zogen sich die Franzosen aus dem Norden zurück. Das Genfer Abkommen besiegelte die unverzügliche Einstellung aller Kampfhandlungen und die Anerkennung von Vietnam, Kambodscha und Laos als souveräne Staaten. Vietnam wurde provisorisch entlang des 17. Breitengrades in Nord- und Südvietnam geteilt. Freie Wahlen wurden binnen zwei Jahren in versprochen. In Nordvietnam wurde mit dem sozialistischen Aufbau des Landes und einer Kollektivierung des Grundbesitzes begonnen. Es kam zu einer grundlegenden Bodenreform, Privatbesitz wurde enteignet. Im Zuge der Umgestaltung der Gesellschaft fielen über 200.000 Menschen, darunter Mönche, Intellektuelle und Unternehmer, Säuberungsaktionen und Übergriffen zum Opfer.

Im Süden wurde der Katholik Ngo Dinh Diem zum Premierminister einer konstitutionellen Monarchie unter Bao Dai ernannt. Mit allen Mitteln der Korruption ließ er sich 1955 zum Präsidenten ernennen, Bao Dai musste abdanken. Diem lehnte die in Aussicht gestellten freien Wahlen ab, stattdessen wurde eine Verfassung für die Repu-

blik Südvietnam verabschiedet. Diems Herrschaft wurde durch die katholische Minderheit und die USA massiv unterstützt, voran Präsident Eisenhauer.
Diem verfolgte die Buddhisten und Kommunisten unbarmherzig. Immer mehr Vietnamesen schlossen sich am 20. Dezember 1960 der FNL, der Nationalen Befreiungsfront an, die zunehmend im Süden Kontrolle erlangte. Auf ihrem III. Parteitag beschloss die „Arbeiterpartei Vietnams" den Aufbau des Sozialismus in Nordvietnam und die Befreiung Südvietnams. Im Jahr *1963* erreichte die Verfolgung von Buddhisten einen Höhepunkt. Tausende wurden verhaftet. Es kam weltweit zur auch in der deutschen Presse mit Anteilnahme verfolgten Selbstverbrennung buddhistischer Mönche in Hue und Saigon. Diem wurde am 1. November 1969 ermordet.
**Filme zu Dien Bien Phu:** Dien Bien Phu une Bataille Oubliee, bei Youtube in mehreren Teilen. Ausführliche Beschreibung auch bei Wiki, > Schlacht von Dien Bien Phu.
**1964-1975** Zweiter Indochinakrieg
Jetzt „übernahmen" die Amerikaner. Sie erfanden einen Angriff der nordvietnamesischen Marine auf einen amerikanischen Zerstörer in der Bucht von Tonkin, gefolgt von der Tonkin-Resolution des US-Senats, die dem US-Präsidenten, Johnson damals, weitgehende militärische Vollmachten gegenüber Vietnam einräumte. Der zweite Indochinakrieg brach aus, über dessen Folgen heute die ganze Welt informiert ist.

*Der Ehrenhof: Elefant*

Man erinnert sich an die Operationen der Nixonregierung mit den euphemistischen Namen wie z.b. „Operation Ranch Hand": Das bedeutete im Einzelnen: Vernichtung des Dschungels, Vergiftung der Felder und Böden. Ab 1961 begannen die Amerikaner, von Flugzeugen aus Entlaubungsmittel über Felder und Wälder zu sprühen. Die Mittel wurden nach den Farben der Banderolen auf den Giftfässern benannt. Agent Blue, Agent Purple, Agent Orange. Mit Agent Blue wurden die Reisfelder verseucht, Mit Agent Purple die Wälder. Seit 1965 wurde Agent Orange eingesetzt zur Entlaubung der Wälder. Agent Orange, Hersteller Monsanto, war ein hoch dioxinhaltiges Gift, mit dem die Amerikaner erreichen wollten, dass jeder Partisan aufgespürt wurde. Dass ihm das schützende Dach der Bäume weggerissen wurde. Über 45 Millionen Liter wurden auf die Bäume gesprüht, eine Menge, die wir uns nicht vorstellen können.

Es kam auch zum Einsatz deutscher Schäferhunde, die darauf spezialisiert wurden, die Tunnel des Ho-Chi Minh-Pfades aufzuspüren. Deren Nasen wurden aber vom klugen Vietcong fehlgeleitet. Noch heute sieht man an Gartentoren deutsche Schäferhunde auf den Pfosten sitzen, aus Keramik.

*1968* kam es am vietnamesischen Neujahrsfest (dem Tetfest) zur *Tet-Offensive,* einem Großangriff der Nationalen Befreiungsfront in sechzig Städten der Provinzen Südvietnams. 500 000 Vietnamesen verloren ihr Leben, der vom Vietcong erhoffte Aufstand der südvietnamesischen Bevölkerung blieb aus, doch die Weltöffentlichkeit war aufgeschreckt und der Westen begann, den sinnlosen Krieg anzuklagen. In Deutschland und anderen westlichen Ländern kam es zu Vietnamdemonstrationen.

In dasselbe Jahr fielen die *Massaker von My Lai,* ein nordvietnamesisches Dorf, in dem die Amerikaner am frühen Morgen mit einer Hubschrauberstaffel landeten und ein bisher beispielloses Gemetzel anrichteten, bei dem fast alle Dorfbewohner, Alte, Frauen, Kinder unter Anwendung brutalster Gräuel den Tod fanden. Liquidiert werden sollte „alles, was sich bewegt". Schon in diesem Jahr hatte Nixon versprochen, den Krieg zu beenden. Er leitete geheime Waffenstillstandsverhandlungen mit Nordvietnam ein, den Auftrag dazu hatte der amerikanische Außenminister Henri Kissinger. Das Gegenteil wurde getan. Nixon trieb die Kampfeinsätze voran, schickte noch mehr Truppen. Die Bombardierungen gingen verstärkt weiter. Umsonst. Im *März 1972* marschierten nordvietnamesische Truppen in Südvietnam ein. *Am 27. Januar 1973* wurde das *Pariser Abkommen* unterzeichnet, mit dem Ziel der Beendigung des Krieges und des Abzugs der US-Armee. Nach dem Rückzug der Amerikaner konnte Südvietnam nun vom Vietcong in mehreren Angriffswellen erobert werden. Ab März 1975 kam es zur Ho-Chi-Minh-Offensive und mit dem Einzug in Saigon am 30. April 1975 fand dieser Krieg sein Ende.

*Bis 1971* sind über 80 Millionen Liter Gift auf eine Fläche von der Größe Brandenburgs verteilt worden, einer Fläche, auf der sich über 3000 Dörfer befanden. Fast fünf Millionen Menschen wurden mit dem Mittel vergiftet, und als Folge kamen über 50.000 Kinder mit Missbildungen auf die Welt. Gesundheitliche Spätfolgen für über vier Millionen Menschen: Krebs und Parkinson. Produzent von Agent Orange: Monsanto.

*1976* nach der Eroberung von Saigon, folgten die *„Zehn verlorenen Jahre":* In diesen mussten die Vietnamesen die Kriegsfolgen bewältigen. Die von den Amerikanern versprochenen Entschädigungen für die Verwüstungen blieben aus, viele Vietnamesen kamen in den Umerziehungslagern der kommunistischen Regierung um, die Integration des Südens in den Gesamtstaat musste als misslungen betrachtet werden. Zahlreiche Südvietnamesen flohen von Halong aus in den Westen, im Westen als *boat people* bekannt. Unter der Planwirtschaft kam es zu wirtschaftlicher Stagnation. Vetternwirtschaft führte zu Verarmung und Verwahrlosung weiter Bevölkerungsteile.

Erst *1986* kam es mit der Aktion *Doi Moi*, d.h. einer Politik der Erneuerung zu einer Öffnung der kommunistischen Planwirtschaft in Richtung einer sozialistischen Marktwirtschaft. Dies bedeutete zunächst: Anarchismus, jeder gegen jeden und eine dünne Schicht Neureicher, die mittels eines abenteuerlichen Baubooms (Beispiel: Geisterstädte, die sich niemand leisten kann, und die aufgrund von Fehlspekulation leer stehen) und mittels Immobilienspekulation nach oben zu schwimmen versuchte. Der jetzt mögliche Tourismus schaffte viele Jobs, verteuerte aber für den Normalvietnamesen die Lebenshaltungskosten, verdrängte durch wachsende Spekulation mit Grund und Boden die lokale Bevölkerung und trieb die ökologischen Belastungen in die Höhe. Gleichzeitig wurde jedoch im Durchschnitt in den Jahren von 1993 bis 2007 die Armut der Bevölkerung auf Kosten der Landbevölkerung von 60 auf 20 % reduziert, so dass sich ein Großteil der Menschen vor allem durch Klein- und Kleinsthandel und in Angestelltenverhältnissen bei großen Firmen, die in Vietnam boomen, über Wasser halten kann.

Der soziale Wandel wurde von einem Anwachsen der Korruption begleitet. Fehlende Kontrollen machten die Selbstbereicherung marktkommunistischer Kader möglich, Kriminalität und Drogenhandel stiegen an. Vietnam hat eine Aidsrate von knapp dreihunderttausend bei hundert Neuansteckungen täglich).

**Film:** Vietnamkrieg – Das Mädchen und das Foto
Weltbekannt ist das Bild des Fotografen Huynh Cong Ut von der damals elfjährigen Kim Phuc, die mit schmerzverzerrtem Gesicht nach einem Napalmbombenangriff um ihr Leben rennt. Dieser Film dokumentiert ihre Geschichte. Zu finden bei Youtube.

*Junge Pionierinnen beim Eisschlecken*

*Auf dem Bo-Dong-Fluss*

*„Honda-Sandwich"*

*Die Änderungsschneiderei an der Straße*

# KLEINES VIETNAMLEXIKON

## Zum Blättern und Nachschlagen

Dieses Lexikon soll dazu anregen, im Literaturverzeichnis angeführte Bücher zur Hand zu nehmen oder einige Punkte aus meinem Reisebericht noch einmal nachzulesen.

**Annam:** Manchmal stößt man in der Reiseliteratur auf den alten Namen Annam für Vietnam. Annam ist der alte Name für Zentralvietnam. In den Waldgebieten Zentralvietnams wird auf Terrassen Tee und Kaffee kultiviert.

**Ao dai:** langes, seitlich geschlitztes Oberteil über einer weiten Hose, traditionelle Festkleidung Vietnams. Der vordere Hemdschoß lässt sich auch an beiden Seiten einer Fahrradstange festknüpfen, so dass man eine weitere Ladefläche bei Einkäufen hat, z.B. für einen Bund Zitronengras. Im Verkehrsgewühl der Städte sieht man gelegentlich auch Frauen im Ao-dai auf einer Honda vorbeirauschen, mit flatternden Ao-dai-Schößen. Das sieht inmitten der anderen Hondafahrer, die in normalen Klamotten ihre Kilometer abstottern, sehr luftig aus, etwa wie „Feen, die vorüberwehen".

**Bier:** In Vietnam sind zwei Biersorten allgegenwärtig: Tiger und das Saigoner 333. Bier ist mittlerweile Nationalgetränk und wird in Dosen angeboten, die Sorte Tiger in blauen, die Sorte 333 in roten Dosen. Es handelt sich überwiegend um helles Bier mit mäßigem Alkoholgehalt. Es gibt in Vietnam auch Gaststätten, sogenannte Bia hoi, in denen Bier vom Fass gezapft wird. Hier finden sich Männergesellschaften zu fröhlichen Bierrunden zusammen. Neben den erwähnten Sorten gibt es auch Lager-und Festivalbier.

**Bildhaftigkeit der vietnamesischen Sprache:** Bei der Lektüre moderner vietnamesischer Literatur stößt man oft auf Redewendungen und Vergleiche von gepfeffertem Witz, die auch deshalb unverbraucht wirken und zum Lachen reizen, weil sie im Deutschen nicht existieren und so mit einem Überraschungseffekt aufwarten können. Beispiele: (Aus Le Minh Khue: Kleine Tragödien, siehe Literaturverzeichnis)

Weggehen wie frische Garnelen. Dem entspricht im Deutschen:

Weggehen wie frische Semmeln (S. 128)
Die Frösche kommen immer hoch, etwa: Nichtsnutzige Menschen finden immer eine Anstellung. Wer das Maul weit aufreißt, kommt schnell zu einem Posten (S. 131)
Geld wie Obst pflücken, etwa: schnell zu Geld kommen (S. 134)
Fleißig sammeln macht die Tüte voll, etwa: Kleinvieh macht auch Mist
Einen Körper haben wie getrockneter Wasserspinat, etwa: spindeldürr sein (S. 142)
Eingequetscht sein wie „Fische in einem Kochtopf", entspricht im Deutschen „wie Sardinen in einer Büchse" (S. 163)
Die heruntergefallenen Körner neben der Reismühle aufpicken, etwa: von den Brosamen essen, die vom Tisch des Prassers fallen (S.167)
Ins Leben verbissen wie ein Blutegel, etwa: sich krampfhaft ans Leben klammern (S. 214)
Miteinander quatschen wie die Garnelen springen, etwa: reden wie ein Wasserfall (S. 238)
Sich Sorgen um die weißen Zähne der Kuh machen, etwa: sich überflüssige Sorgen machen (S. 260)
Über alles quatschen, vom Himmel bis zum Meeresgrund, etwa: über Gott und die Welt reden(S. 260)
Gleiche Räucherstäbchen und gleicher Rauch sein, etwa: aus demselben Holz geschnitzt sein (S. 260)
Seinen Körper unter dem bunten Licht ausstellen, etwa: im Rotlichtviertel landen (S. 261)
Dann kann man nur seine Reissuppe schlürfen, etwa: dann bleibt einem nur, trockenes Brot zu essen (S.279)
Zahlreich wie Ferkel, etwa: wie Sand am Meer (S. 283)
Bis zum Tetfest auf dem Mars, etwa: bis zum Sankt Nimmerleinstag (S.300)

**Blutegel:** So unschuldig die wimbledongrünen Reisfelder für den vorbeifahrenden Touristen aussehen, sind sie doch voll mit ekelhaftem Gewürm. War früher noch die giftige Reisschlange ein häufiger Bewohner des nassen und überfluteten Reisfeldes, so ist es bis heute der Blutegel, der sich beim Reispflücken ins Bein beißt, sofern man keine Gummistiefel trägt.

**Cochinchina:** Meist hat man heute eine unpräzise Vorstellung, um welche Gegend es sich bei dem Ausdruck *Cochinchina* handelt. Bei der Entstehung von Cochinchina hatte der Kaiser Tu Duc, in meinem Reisebericht als Erbauer einer Totenstadt und als Dichter melancholischer Verse erwähnt, seine Finger im Spiel: In der Mitte des 19. Jahrhunderts ließ Tu Duc einen französischen Missionar hinrichten, was die zu jener Zeit im Land „stationierten" 40 katholischen Missionare veranlasste, nach einer bewaffneten Intervention Frankreichs

*Lampengeschäft*

*Cho Long: Der chinesische Markt von Saigon*

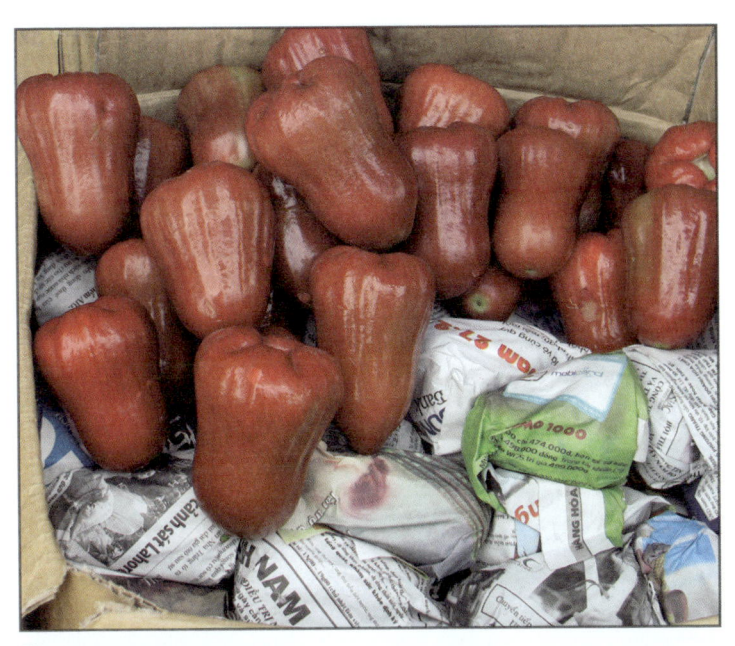

*Wassertomaten*

*Der Elefantenfisch*

zu rufen. Das gab den Franzosen 1858 den Anlass, Danang anzugreifen und das Land im Gefolge des Angriffs mit Kolonialisten zu besetzen, was dann wiederum später von den Franzosen damit rationalisiert wurde, die „gelbe Rasse" gehöre zivilisiert. Zwar gab es Pläne der früheren Könige Vietnams, mit einer 100 000 Mann starken Armee die Franzosen aus dem Land zu treiben, doch Tu Duc, in den Opiumhandel verstrickt, griff nicht auf diese Pläne zurück, sondern überließ 1863 den Franzosen das südöstliche Drittel Vietnams als Kolonie, die dann *Cochinchine* ( frz.) genannt wurde. 1860 und 1870 holte Frankreich dann weiter aus und schuf die Protektorate *Annam* in Zentral- und *Tonkin* in Nordvietnam (Quelle: Vietnam, Bibliothèque du voyageur, Gallimard, vgl. Literaturverzeichnis).

**Drachenboote:** Auf einem Drachenboot auf dem *Fluss der Wohlgerüche* in warmer Frühlingsluft sanft dahinzugleiten, ist eines der schönsten Erlebnisse einer Vietnampauschalreise. Man lässt den Alltag völlig hinter sich und fühlt sich in einen Zustand versetzt, in dem sich das Leben wie ein Reise auf einem schönen langen Fluss anfühlt, *a glimpse of paradise* eben, sonst nichts. (Vgl. Bericht im Text).

**Elefantenfisch:** In einem Orchideengarten auf einer Mekonginsel kennengelernt. Mit weißen Stacheln bewehrt und mit ohrengroßen, seitlich abstehenden Flossen, kam das fuchsfarben-weiß-melierte Tier, auf einer Art Ständer präsentiert, eher einem Kunstgegenstand als einem gebackenen Fisch gleichend, auf den Tisch des Gartenrestaurants. Die Stacheln sahen aus wie kleine spitze Zähne, die aber bei näherem Hinsehen sich als butterweich erwiesen. Von der aufgeschlitzten Rückenlinie heraus musste man mit einem Stäbchen das Fleisch herauspuhlen und auf Reispapier legen, welches das Fett aufsog und so den Fischhappen genießbar machte.

**Enten:** sie lassen sich in wunderbaren, mit Zitronengras gewürzten Rezepten als Knusperware verspeisen, auf Lastenmofas kunstvoll aufgeschichtet, lebend oder tot, erblicken oder in Teichen in den Reisfeldern planschen und schwimmen sehen. Dort werden kleine Rudel meist von Entenhütern, Kindern oder alten Leuten betreut, die dann auch die überall im Reis versteckten Eier aufsammeln. Witzige Geschichten mit Enten gehören auch zum Repertoire des Wasserpuppentheaters.

**Erdkrötenlokale:** So heißen die zur Straße hin offenen Suppenrestaurants im vietnamesischen Volksmund, denn dort schlürfen die Vietnamesen, auf kleinen Plastikhockern zum Essen niedergeduckt, ihre Nudelsuppen oder puhlen mit Stäbchen das Fleisch aus den kleinen Schnecken, die es überall zum Essen gibt. In dieser hockenden Position über ihre Suppen gebeugt und die Nudeln angelnd, erinnern sie an Erdkröten beim Verspeisen von Würmern (Bericht des vietnamesischen Reiseleiters).

**Französische Einflüsse** sieht man auf einer Rundreise allenthalben und zuhauf in Saigon. Der französische Einfluss, sichtbar heute vor allem in den Architekturhinterlassenschaften, begann mit der Gründung der Kolonie Cochinchina und ihrer Hauptstadt Saigon. Von da an entstanden gepflegte breite Boulevards mit hohen Bäumen, eine Kathedrale mit – wie könnte es auch anders sein- dem Namen Notre-Dame, ein elegantes Opernhaus, eine schicke Post im Gründerzeitstil und Gründerzeitvillen, wo man beim Flanieren denkt: Wo bin ich denn? Bin ich in Paris? Auch wenn all diese Pracht mittlerweile von der Pestfahne von Millionen Auspuffrohren umweht wird, kann man sich dennoch von der Eleganz und baulichen Qualität kolonialer Repräsentationssucht und Machtdemonstration beeindruckt fühlen. Immerhin hört man von den Reiseleitern, dass die Franzosen im Unterschied zu den Amerikanern wenigstens etwas Nützliches hinterlassen haben.

Vor allem das Nachtleben, die Bars, die Kunstszene, sind westlich geprägt. Trifft man doch mitten in Saigon in der Nähe des Opernhauses tatsächlich auf einen großen Kunstladen, aus dem einem dicke Boterofrauen bis auf die Straße hinaus entgegenschwellen und die zarten Vietnamesinnen sich angesichts dieser Fleischesfülle fast erdrückt fühlen können.

Auch Ho-Chi-Minh hat sich in Frankreich für seinen Kampf schulen lassen und Ideen der französischen Sozialisten in seine Revolutionsphilosophie aufgenommen.

Nicht zuletzt haben die Franzosen Vietnam das knusprige Baguette beschert,

sichtbarstes Alltagszeichen französischer Kolonialisierung, das gerne von den Vietnamesen angenommen worden ist (Vgl. meinen Reisebericht, Unterkapitel: Baguettestraße).

**Gelatinekocher:** Nebenbei ein Stichwort zur Geschichte der Gelatine in Vietnam. Gelatine, bei uns Grundstoff für Tortengüsse, Gummibären, Fleisch-und Wurstsülze, Schönheitsprodukte und auch für Pillenüberzüge z.B. in der Medizin, vorwiegend aus Schweine- und Rinderknochen gewonnen, wurde zu medizinischen und pharmazeutischen Zwecken durch die Bergvölker Nordvietnams vor allem aus Affen-und Tigerknochen gewonnen. Die Bergvölker sammelten die Knochen im Dschungel ein, und erfahrene Männer und ihre Gehilfen verkochten diese zu Knochengelee. Wie dies genau vonstatten ging, findet sich meisterhaft in dem autobiographischen Kindheitsroman „Itinéraire d'enfance" von Duong Thu Huong beschrieben.

Hier eine kurze Zusammenfassung: In der Kolonialzeit profitierten von der Gelatineproduktion vor allem die Familien der französischen Kolonialherren. Sie betrieben und bewachten die Knochensiedereien, in denen sie die Angehörigen der Bergvölker schuften ließen, etwa für ein paar Säcke Reis oder ein paar Schüsseln Salz und ein paar

Dong. Als die Einkünfte den Lebensunterhalt der Knochensieder nicht mehr deckten, kam es zu Arbeiteraufständen. Die Knochenkocher mussten nun zu einer List greifen: sie begannen, die Kniescheiben der Knochen, die die wertvollsten medizinischen Substanzen enthielten, ihren Arbeitgebern zu stehlen und diese privat auszukochen. Nach einiger Zeit bekamen die Kolonialherren diese Diebstähle spitz. Sie ließen die Knochen zählen und die Knochensieder besser überwachen, worauf diese sich eine neue List ausdachten: Mithilfe der dicken Ader der Bananenblätter, die sich wegen ihrer Porosität zur Aufnahme fetter Substanzen eignete, schöpften sie den nahrhaften Schaum der Knochenbrühe ab, indem sie die porösen Stängel der Bananenblätter so lange in der Brühe rührten, bis diese sich mit dem Schaum vollsogen. Zuhause kochten sie die erkalteten Bananenadern mit dem gehärteten Fett unter Zugabe von Affenknochen wieder aus, und gewannen so die wertvolle pharmazeutische Substanz wieder zurück. Das so zurückgewonnene Produkt verkauften sie zu Höchstpreisen an Apotheken.

Ein Beispiel für Klugheit in Zeiten der Ausbeutung. Klugheit, die dem vietnamesischen Volk auch in Zeiten des Krieges von höchstem Nutzen war.

**Hängemattenlokale:** Auf der Reise zur Halongbucht fallen die zahllosen „Cafés" auf, die aus einem kleinen, „kioskartigen" Unterstand und einem freien Feld aus Hängematten bestehen, welche von schlafenden oder vor sich hin dösenden Verkehrsteilnehmern belegt sind. Neben den mit Schläfern gefüllten Hängematten sieht man auch die Hondas geparkt, sofern ihnen nicht bestimmte Parkplätze zugewiesen wurden. Ein kleines Klohäuschen, meist ein Bretterverschlag, das einen „Donnerbalken" umgibt, befindet sich auf freiem Feld, am Rand des Hängemattenareals. Im Kiosk selbst befinden sich auch Hängematten, dazu Regale mit Getränken, Snacks, Süßigkeiten und in der Regel ein kleiner, liebevoll mit Blumen und Essensgaben bestückter Hausaltar, vor dem Räucherstäbchen glimmen.

**Hundefleisch:** Fast automatisch taucht bei einer Asienreise die Frage nach Hundefleisch auf, und Ekel ziert das Gesicht des Europäers. Ja! Hunde werden verzehrt, aber nicht in rauhen Mengen. Laut Mitteilung des vietnamesischen Reiseleiters existieren vor allem im Halong-Gebiet Junggesellenclubs von Hundefleischliebhabern, denn Hundefleisch gilt als potenzsteigernd. Der Mensch, der einen ihrer Artgenossen verspeist hat, würde danach von den Hunden für mindestens acht Wochen streng gemieden.

Auch in der vietnamesischen Literatur konnte ich Stellen, in denen es um Hundefleisch ging, finden: Eine kleine Passage sei an dieser Stelle zitiert: „Nebenan wohnte Xet, der auf dem Markt Hundefleisch verkaufte. Er hatte seine Frau auf dem Land verlassen und war in die Stadt gekommen, um eine Hundemetzgerei zu eröffnen.

Er hatte sich eine dieser Bruchbuden unter den Nagel reißen können. Als neue Frau brachte er eines Tages eine Hure mit nach Hause... Xet... verwöhnte seine Frau, damit sie ihm des Nachts alles Glück verschaffte, das eine leidenschaftliche Frau einem Mann biete konnte, der vor lauter Hundefleisch und Schnaps überdurchschnittlich potent war." (Quelle: Le Minh Khue: Tony D. In: Diess. : Kleine Tragödien. Erzählungen. Mitteldeutscher Verlag, Halle: 2009, S. 159-181, zitierte Stelle, s. 174).

**Indochine:** So lautet der Name eines Films mit der weltbekannten Schauspielerin Catherine Deneuve. 1992 in Frankreich produziert, gewann der Streifen 1993 bei der Oskarverleihung den Academy Award als bester fremdsprachiger Film. Ähnlich wie in dem 1992 gedrehten Film „Der Liebhaber" nach Marguerite Duras' ebenfalls weltbekanntem gleichnamigen Roman geht es in dem Film *Indochine* um das Thema „Liebe unter Bedingungen der Kolonialzeit" in den dreißiger Jahren des 20. Jahrhunderts:

Die Plantagenbesitzerin Elaine Devries adoptiert eine kleine verwaiste vietnamesische Prinzessin namens Camille, die ihrer Plantage Aufmerksamkeit und damit Reichtum verschafft. Es entwickelt sich eine Liebesgeschichte zwischen der Elaine und einem französischen Marineoffizier. Als Camille zur Frau erblüht ist, kommt es zu Unruhen des Volkes gegen die französischen Kolonialisten, die auch Elaine zu spüren bekommt. Bei einer Schießerei wird Camille, die Adoptivprinzessin, verletzt und der französische Marineoffizier ist zur Stelle, um die lebensrettende Erste Hilfe zu leisten. Als Camille die Augen aufschlägt will sie ihn heiraten. Von der früheren Liebesbeziehung ihrer Adoptivmutter mit dem Marineoffizier weiß sie nichts. Für ihre Liebe den vollen Kampfeinsatz bringend, verlässt sie die Adoptivmutter und gibt dafür ihr Luxusleben als Plantagenbesitzerin auf. Auf dem Hintergrund des Volksaufstandes entwickelt sich das Melodram ...

Für den heutigen Betrachter heute dürfte weniger die Handlung des Films von Interesse sein als vielmehr der Blick auf die Kulissen, die vietnamesische Landschaft ...

Kritische Rezensenten werfen dem Film vor, die Franzosen nicht als Unterdrücker der Vietnamesen zu zeigen, sondern sie lediglich als „Crème der europäischen Zivilisation" vorzuführen (Quelle: Internet: Wikipedia).

**Jadekaiser:** Bei einem Besuch in Saigon wird jedem Tourist der Jadekaiser in seinem Tempel vorgeführt. Schon einmal etwas davon gehört? Der Jadekaiser ist in der Religion des Taoismus die höchste Gottheit. Er ist der Herr über Dämonen, Geister und Götter. Der Taoismus, der auf einer Philosophie des Nichts beruht, lehrt die Abwesenheit von persönlichem Ehrgeiz, von Wünschen, von sinnlichen Freuden. Im praktischen Leben wird daher ein Pragmatismus von Einfachheit angestrebt, dem es um die Harmonisierung der Gegensätze Yin Und Yang, die allen Dingen und Lebewesen innewohnen, geht. ( Vgl. Stichwort Yin und Yang).

Kernelement des Taoismus ist der Glauben an eine Welt als Illusion. Es gibt auch eine Hölle, in der 12 Höllenrichter die bösen Taten im Leben bestrafen.

Im Hof vor dem Tempel des Jadekaisers in Saigon stehen Wasserbecken mit unzähligen Schildkröten. Man kann sie kaufen und sie dann wieder ins Wasserbecken setzen . Daher heißt der Tempel auch „Tempel der Schildkröten".

Im Tempel selbst, aus dem späten 19. Jahrhundert, der aus mehreren Haupt-und Seitenräumen mit unzähligen Göttern des Thaoismus bestückt ist, gibt es mehrere Haupt- und Seitenräume. In einigen dieser Räume befinden sich wertvolle Holzschnitzereien, in einem Raum, *Raum der Qualen* genannt, stehen die holzgeschnitzten *Tafeln der Höllenqualen*: Hier kann der Besucher auf sehr drastische und realistische Weise die Züchtigungsmethoden studieren, die ein Sünder im Jenseits für seine irdischen Übeltaten zu erwarten und vor den Augen von zehn Höllenrichtern zu bestehen hat.

Im Hauptraum des Tempels thront in entrückter Gelassenheit, mit "nichts-sagenden" oder besser das "Nichts ausdrückenden Augen" der Jadekaiser Ngoc Hoang, aus grünem Jadestein gehauen. Dagegen sind viele der Skulpturen des taoistischen und buddhistischen Götterhimmels, die die Räume bevölkern, aus Pappmaschee.

**Kochen und essen:** Gekocht und gegessen wird in Vietnam, *was das Zeugs hält*. In Vietnam *kommt das Essen zu einem*, man muss nicht zu ihm hingehen, denn es wird überall angeboten. Wie der Volksmund sagt, essen die Vietnamesen genau wie die Chinesen, von denen sie aus historischen Gründen ja einen großen Teil ihrer Küchenkultur bezogen haben und noch beziehen, alles, was vier Beine hat, außer Tisch- und Stuhlbeine, denn die lassen sich beileibe nicht ins Essen raspeln. In den Städten dampft und zischt es aus allen Ecken, aus tausend Töpfen und Kesseln, auf Hunderten von Bürgersteigen, wo die Leute sitzen und ihre Suppen schlürfen und ihre Stäbchen in weiße Reis- und gelbe Nudelberge versenken. Da sieht man Tofuecken in Pfannen schmoren, Gebirge von buttergelben Nudeln in allen Breiten und Längen sich auf Tellern türmen, Reiskugeln sich in Tiegeln wälzen und so fort, ohne Ende. Natürlich gibt es neben den unzähligen Ein-, Zwei- und Mehrmann-Bürgersteiglokalen, Garküchen- und Erdkrötenrestaurants auch höher- und hochpreisige Lokale für Gourmets und bessergestellte Familien und Touristen oder für gelegentliche Festivitäten der normalen Bevölkerung.

Man sieht kaum Dicke von den Tellern speisen. So kann man ohne schlechtes Gewissen zugreifen und sich als gegenüber dem Durchschnittsvietnamesen durchschnittlich dickerer Europäer essend seine künftige Traumfigur ausmalen, die, je länger der Aufenthalt, umso mehr zu Traumausmaßen zusammenschrumpfen dürfte, denn: es wird ohne Fett gekocht oder gebraten, das Essen wird vorzugsweise gegart.

Welche Speisen waren für uns gewöhnungsbedürftig? Zuerst einmal der Wasserspinat mit seinen wuchtigen Stängeln. Daran haben wir ein wenig gewürgt und unüblich lange gekaut. Aber am gewöhnungsbedürftigsten waren in Saigon die Riesengarnelen, die verärgert glotzend aus einer Frühlingsrolle heraus stierten. Geradezu zurückzuweisen waren die gebackenen Hühnerkrallen, die uns auf riesigen Tellern in demselben Restaurant serviert wurden. Der Kellner nahm es mit Gelassenheit und stattdessen kamen die zornigen Garnelen.

Doch alles in allem ist die vietnamesische Küche wunderbar im Geschmack, vitaminhaltig, leicht und variantenreich, und man kann viele Gerichte authentisch in zahlreichen Kochbüchern nachkochen oder Rezepte hundertfach aus dem Internet laden. Nicht zu vergessen: jede einigermaßen größere Stadt in Europa verfügt inzwischen über eine gute Anzahl erlesener vietnamesischer Restaurants. Allerdings sollte man nicht versäumen, sich gelegentlich über den Schadstoffgehalt bestimmter Lebensmittelimporte aus Asien kundig zu machen. Bei frischem Koriander und Wasserspinat hat das Internet schon Rüffel angezeigt wegen Überschreitungen der Höchstgrenzen für Schadstoffe.

**Literaturtempel:** Im Literaturtempel in Hanoi hat sogar jüngst Angela Merkel den großen Gong geschlagen. Diesen, im Jahr 2000 mit amerikanischen Fördermitteln gut restaurierten Tempel – er war 1947 teilweise von den Franzosen zerstört worden – bekommt jeder Besucher Hanois mit Stolz vorgeführt. Er ist dem Konfuzius geweiht, der den Geist und die Arbeitsmoral vieler vietnamesischer, japanischer und chinesischer Asiaten in gut zweieinhalbtausend Jahren geprägt hat. Mitten in der modernen Lärmmaschinerie der Großstadt ist der Tempel ein Ort der Ruhe und vermittelt nicht zuletzt durch seine Strenge und seine akademische Aura konfuzianische Geisteshaltung.

Als Ausbildungsstätte künftiger Mandarine, also Staatsbeamter, genutzt, strahlt der Tempel vor allem eine Haltung aufstrebender Leistungsbereitschaft aus, denn er war auch sozusagen die erste Universität Vietnams etwa ab dem Jahr 1000. Hier machten die später aus allen Schichten stammenden Studenten ihr Doktorexamen und die erfolgreichen Doktoren wurden als künftige Elite mit Namen und Noten in Steinstelen, auf den Rückenpanzern von Schildkröten stehend, eingraviert. Ihr unvergänglicher Fleiß konnte so späteren Generationen als Vorbild dienen.

Fünf Höfe durchquert man, vorbei an grünmoosigen Wasserbecken, die von gelbschillernden Schildkröten bewohnt werden, die ihre Hälschen, auf Treppen meditierend, in die Höhe strecken. Nach den fünften, von zwei roten, grimmigen Wächtern flankierten Tor, gelangt man in den innersten Tempel, wo sich Konfuzius mit seinen Schülern aufhält.

Schon auf dem ersten Tor steht zu lesen: „Von den Lehren der Welt ist unsere die beste und wird von allen kulturbeflissenen Ländern verehrt!" (Quelle: National Geographic Traveller, Vietnam, siehe Literaturverzeichnis S. 72).

Über einem der Tore ist ein Karpfen auf dem Dach zu sehen, den es immer höher hinauf zu ziehen scheint. Sein Körper ist gekrümmt vor Anstrengung, sein Maul steht weit offen vor Wissbegier. Er hat es als einziges Tier geschafft, sein eigenes Element zu überwinden. Welch ein Streber! Sich faul im warmen Wasser zu wälzen, ist nicht sein Bier: ihn dürstet nach Wissen und so wird man Mandarin, auch wenn man erst vielleicht nur ein Sumpfbauer war.

**Mythische Tiere und Pflanzen:** In Mythen verstecken sich Erfahrungen, Wünsche, Illusionen, die Auskunft über den tieferen Geist eines Volkes geben. Sie speisen sich aus dem kollektiven Unbewussten und stecken unter anderem auch in Symbolen. Auch bergen sie kondensiert historische Erfahrung und können als geheime Kraftquellen angesehen werden, aus denen sich zum Beispiel Moral und Ethik speisen, (ebenso wie auch mögliche Unmoral und Gewalt, aber das soll hier im Lexikon kein Thema sein). Mythen können auch politisch genutzt werden, um die Aufmerksamkeit oder die Anstrengung eines Volkes in eine bestimmte Richtung zu lenken.

*Heilige Tiere,* oft in Tempeln und Kunstdarstellungen anzutreffen, sind den Vietnamesen – hier war die chinesische Kultur entscheidend – der Drache, der Karpfen (vgl. Stichwort Literaturtempel), der Kranich, der Löwenhund, die Schildkröte, der Phönix und der Wasserbüffel. Daneben gibt es *mythische Pflanzen* wie die Aprikose, die Chrysantheme, den Bambus und die Lotosblume. Viele Vornamen sind auch die Namen solcher Tiere und Pflanzen.

Die Schildkröte zum Beispiel symbolisiert Ausdauer, Zähigkeit, Geduld, Anspruchslosigkeit und langes Leben, die Lotosblume in ihren vier Stadien das Werden und Vergehen im Kreislauf des Lebens. In ihrer geschlossenen Form findet man die Lotosblüte vor allem auf Friedhöfen.

**Non:** Der vietnamesische Spitzhut heißt *Non*. Er ist das beherrschende Element, der Inbegriff dessen, was als Ersteindruck eines Landes gelten kann, vor allem auf dem Land. Was hat es mit diesem Hut auf sich?

Der Legende nach war die erste Trägerin dieses Kleidungsstücks die Regenschutzgöttin. Als eines Tages sintflutartige Regenmassen auf die Felder niederprasselten, stieg die Regenschutzgöttin vom Himmel. Auf dem Kopf trug sie vier große Bambusblätter, so groß wie das Firmament. Die wurden von Bambusstangen festgehalten, auf denen die Blätter befestigt waren. Sie wollte den Menschen helfen und so schüttelte sie den Kopf mit dem überdimensionalen Hut hin und her, um so die Wolken und den Regen zu vertreiben. Als das erledigt war, lehrte sie die Menschen den Feldbau. Aber nicht nur das, sie erzählte ihnen auch Geschichten, wie es eine gute, große Mutter eben so macht. Sie erzählte und erzählte und dabei schliefen die Menschen selig ein.

Aber eines Tages, als die Menschen am Morgen wieder erwachten, war die Göttin fort. Da mussten die Menschen sich erinnern, was ihr die Göttin beigebracht hatte, und woran sie sich am deutlichsten erinnerten, das war dieser riesengroße Hut der Göttin. Nun wussten sie, wie man einen Hut aus Bambusblättern und Bambusstangen herstellt und so war der Hut für die Bauern und die Fischer erfunden, der nicht nur vor dem Regen, sondern auch vor der Sonne schützte. (Quelle: Vietnam-culture.com. Darin: Stichwort: *Conical hat*.).

Wie der Hut zu nutzen war, das blieb dann der freien Phantasie der Vietnamesen überlassen: Zornesröte und Schamesröte lassen sich darunter verstecken, ebenso wie eitrige Pusteln oder ausgetauschte Küsse. Aber auch ganz pragmatisch eignet er sich als Transportmittel für kleine Mengen Gemüse oder auch zum schnellen Wasserschöpfen. Sogar weggekrabbelte Babys lassen sich damit einfangen und an ihren Ort nahe bei Mama zurückbefördern.

Es gibt bis heute in der Gegend von Hue auch den „poetischen Hut", in welchen zwischen zwei Blättern Gedichtzeilen aus ausgeschnittenen Bambusbuchstaben eingenäht sind. Lesen lassen sich die poetischen Botschaften, wenn man den Hut gegen die Sonne hält. (Quelle: s.o.)

Ließe sich noch fragen, wie die starren Bambusblätter zum Flechten geschmeidig gemacht werden? Junge Bambuspalmblätter lässt man eine Nacht im Tau liegen, dann bügelt man sie oder streicht sie mit der Hand glatt. Danach lassen sie sich mit einem speziellen Faden auf den Rahmen nähen.

Übrigens: Der mittlere Ring des Bambusgestells muss jeweils den passenden Kopfumfang des Hutträgers haben. Es ist also kein Einheitsmodell, das ständig auf dem Kopf herum wackelt.

**Omelette:** Wenn man in einem vietnamesischen Restaurant, etwa in einem der hübschen Flussrestaurants in Hoi An die Speisekarte studiert, und als kleine Zwischenmahlzeit ein Omelette essen will, und wenn man dann auf der Speisekarte auf das Wort *trung chien* stößt, dann kann man das ruhig bestellen. Denn es handelt sich nicht etwa um Hundefleisch, oder gar einen gedrungenen Hund, sondern um ein frisch zubereitetes Omelette.

**Pagode:** Pagoden sind nicht einfach in der Landschaft herumstehende schöne Türme, sondern in erster Linie Orte religiöser, festlicher und gesellschaftlicher Zusammenkünfte mit meist angeschlossenen buddhistischen Zentren. Auch in den fünfziger Jahren, zur Zeit der kommunistischen Landreform in Nordvietnam, als Pagoden zeitweise nicht mehr gepflegt wurden, weil andere Prioritäten nach dem Kolonialkrieg anstanden, behielten diese teilweise noch ihre soziale Funktion und wurden von der Landbevölkerung aufgesucht. Der Hunger war nach dem Krieg groß, und in den Pagodengärten gab es Obstbäume und Gemüsegärten. Die Pagoden wurden zum Teil durch Bonzinnen verwaltet. Duong Thu Huong schildert in ihrem autobiographischen Kindheitsroman „Itinéraire d'enfance" (Vgl. Literaturverzeichnis), der in dieser Zeit spielt, eine Szene in einer Pagode:

Die Icherzählerin des Romans, die zwölfjährige Be, muss Essen für einen kranken Schulkameraden besorgen, der wegen einer Typhuserkrankung einige Tage im Krankenhaus zubringen muss. Da ihr Geld, das sie von der Schule für den kranken Jungen bekommen hat, bereits für die Krankenhauskosten und die Vorschusszahlung für das Krankenhausessen aufgebraucht ist, und sie und der Junge vor Hunger fast vergehen, kommt ihr in den Sinn, Essen für ihn in der drei Kilometer entfernten Pagode zu besorgen. Sie erinnert sich, vor drei Monaten dort, bei einem Besuch mit der Mutter, von der Bonzin Papayas geschenkt bekommen zu haben.

Die Pagode ist alt und zerfallen. Be betritt nach ihrem Dreikilometermarsch den Hof der Pagode, aber dort ist niemand. Im Garten stehen Säcke mit Mehl, ein Krug mit Sojasauce und ein Knoblauchzopf baumelt an der Tür. Eben will sie für die Bonzin eine Nachricht verfassen und sich vom Baum eine Papaya pflücken, da packt sie ein alter Mann wutschnaubend mit einer Gartenschere am Arm und zerrt sie in einen Schuppen, den er von außen verriegelt. Mit knabbernden und herumspektakelnden Ratten ist das Mädchen sich selbst überlassen, von draußen dringen nur die schlürfenden und sabbernden Geräusches des sich an seiner Mahlzeit labenden Alten an ihr Ohr. Vor Angst und nagendem Hunger schläft sie ein, nachdem sie einer besonders zudringlichen Ratte einen Fußtritt verpasst hat.

Nach dem Aufwachen und einer ihr wie eine Ewigkeit erscheinenden Folterqual des Wartens hört sie endlich die Bonzin zurückkehren und mit dem Alten, der ihr die kleine Papayadiebin stolz präsentieren will, schimpfen. Die Bonzin wäscht dem Alten den Kopf und schnauzt ihn an, wie er dem Mädchen die paar Papayas missgönnen könne, denn das hier sei ja schließlich eine Pagode und der historisch bewanderte Leser liest sofort zwischen den Zeilen, das der "Diebstahl" des Mädchens keine widerrechtliche Aneignung von Volkseigentum ist, aber so steht es nicht im Buch. Wie auch immer: das Mädchen kommt frei, wird mit Süßigkeiten und Papayas beschenkt und von der Bonzin höchstpersönlich ins Krankenhaus zu dem kranken Mitschüler zurückbegleitet.

Es lohnt sich, das Buch zu lesen, denn trotz des vielleicht sehr sentimentalen Grundtons erfährt der Leser eine Menge über das Vietnam zur Zeit der Landreform und der kommunistischen Umstrukturierung. Vor allem erfährt man auch, dass in Vietnam religiöse buddhistische Praxis im Volk mit dem „neuen" Kommunismus durchaus kompatibel war.

**Qualen:** erlebt der Vietnamreisende am ehesten durch den Ansturm auf seine Sinnesorgane: Den Straßenlärm und die Geruchsschwaden aus den Auspuffrohren von Zigtausenden, ja Hunderttausenden von Motorrädern vor allem in Saigon sowie durch die Entscheidungsprobleme beim Überqueren der Straßen, wenn er angstfrei von einer Seite auf die andere kommen will.

**Reispapier:** Wird in kleinen Produktionsstätten auf dem Mekong hergestellt in verschiedenen Stärken zum Einwickeln von Speisen, Füllungen aller Arten und zum Aufnehmen von Fett. Man kann danach süchtig werden, wie etwa bei uns nach Oblaten, allerdings muss man sehr fest hineinbeißen, bzw. das Papier muss sich erst sehr mit Flüssigkeit vollgesogen haben, bevor man eine mundgerechte Portion abbeißen kann.

**Reisratten:** In den Reisfeldern lebend und sozusagen Vegetarierinnen reinsten Wassers, sind sie eine begehrte Spezialität, die auf einem vietnamesischen Küchenzettel erscheinen darf.

**Reisschlangen:** hochgiftig, sind sie in den Reisfeldern durch chemische Vernichtungsmittel praktisch ausgerottet. Sie werden aber in Schlangenfarmen gezüchtet, gelten als Delikatesse und kommen auch in der Medizin, z.B. als potenzstärkendes Mittel zum Einsatz (Auskunft des vietnamesischen Reiseleiters).

**Sonderlinge und kleine Leute:** Die in Vietnam sehr beliebte Schriftstellerin und Journalistin Le Minh Khue schreibt in ihren Geschichten unter anderen Themen auch über allerlei *Sonderlinge und kleine Leute* und deren Ambitionen, Süchte, Sehnsüchte und Gefühle im Nahkriegsvietnam und im aufkommenden Wirtschaftsliberalismus. Es handelt sich um Menschen, die sich nach dem Krieg ein Überleben sichern mussten und das oft mit zweifelhaften Methoden.

Das Personal der Geschichten besteht aus „Fürsten", Dieben, Verbrechern, Knochensammlern, Goldschindern, Huren, kleinen Händlern, Emporkömmlingen. und Profiteuren, Studenten, Intellektuellen, Professoren, Privilegienbesitzern, Privilegienjägern und anderen.

Le Minh Khues Erzählungen umfassen die Zeit nach dem Vietnamkrieg bis heute und sind in deutscher Sprache zugänglich in dem Sammelband, der im Mitteldeutschen Verlag unter dem Titel: „Kleine Tragödien" 2011 erschienen ist (Vgl. Literaturliste). Oft sind in die Texte prägnante Sozialstudien eingebaut, in denen die Verfasserin nicht mit Kritik und Satire geizt und bei deren Lektüre man über die Schärfe und den oft atemberaubenden Witz lachen muss.

Ein solcher *Sonderling z.B.* ist ein Mann, von der Umgebung, in der er wohnt, *der Fürst* genannt. Er terrorisierte seine ganze Familie und zwang sie zu einem Umzug vom Land in die Stadt. Dort bezog er mit der Familie ein acht Quadratmeter großes Zimmer, das er zu drei Stockwerken ausbaute. So konnte man in jedem Stockwerk nur noch gekrümmt sitzen. Im oberen Stockwerk schuf er ein Loch zum Hinauskriechen. Der "Fürst" hatte die Angewohnheit, nächtelang mit einer Lampe auf dem Dach seines „Palastes" herumzugeistern, um der Schwüle und Stickigkeit seiner Zimmer zu entkommen. Er sammelte allerlei Müll von der Straße, Reifen, Baumstümpfe und so weiter. Im Lauf der Jahre wurden diese Sammelobjekte „stark riechende Essensparadiese für Mäuse und Küchenschaben" (Zitat S. 202).

Er hatte ein solch arrogantes und herrschsüchtiges Auftreten, dass keiner in der Nachbarschaft einen Einspruch wagte. Für ihn war die Wohnung sein Schloss und wie ein Fürst hielt er auch alle Familienfeiern in diesem Sardinenpalast ab, in Räumen, die eher Schränken als Zimmern glichen. (S. 59)

Mit solchen und ähnlichen Geschichten und satirischen Szenen sind einige der Geschichten von Le Minh Khue gespickt, und es macht Lust, in ihren Büchern auf Entdeckungsreise zu gehen.

**Tiger:** In vielen Werken auch der neueren Literatur spielen Tiger eine Rolle und sie gehören auch zur immer noch existierenden Realität eines vietnamesischen Lebens, vor allem in Nordvietnam, wo Tiger die Haustiere der Bauern anfallen oder auch Menschen, wenn sie alt, frustriert oder verletzt sind. Manch ein Mensch wurde beim Honigsammeln im Wald von einem Tiger gefressen, vgl. das Tigerkapitel in „ Itinéraire d'enfance" von Duong Thu Huong im Literaturverzeichnis).

Tiger auch in den Städten? Davon wissen vor allem die Umweltschützer ein Lied zu singen, denn Vietnam ist trotz eines 1975 geschlossenen Schutzabkommens für Wildtiere immer noch ein Umschlagpunkt für den Markt mit Wildtierprodukten oder auch mit lebenden Wildtieren. Abnehmer sind Apotheken, Drogerien, Restaurants, Souvenirläden. Laut Spiegel.de betrug der Umschlag pro Jahr 3000 Tonnen Wildtiere, die lebend oder auch zerstückelt aus dem Land hinein- oder hinausgeschmuggelt wurden

Der Schwarzhandel mit Wildtieren fährt eine dreißig Mal so hohe Summe ein, wie zur Bekämpfung des Wildtierschmuggels von staatlicher Seite ausgegeben wird.

Aber eins ist sicher: *Tigerbalsam* enthält keine Bestandteile des Tigers. Es ist rein pflanzlich und hilft, die Muskeln geschmeidig zu halten wie die eines wohl doch hoffentlich jungen Tigers.

## Kleines Vietnamlexikon 107

**Unser-vietnam.de:**
Webseite von jungen Vietnamesen für Vietnamesen und Interessierte, die mehr über Vietnam erfahren möchten.
Eine weiteres interessantes Internetportal ist *vietnam-kompakt.de* mit umfassender Information über alle Vietnam betreffenden Aspekte .
**Vietnam:** Der Name bedeutet: „Das Volk, das sich in den Süden bewegt hat". *Nam* heißt: *der Süden* und *viet* bedeutet etwa: *weit weg* oder *überqueren*, ist also ein Ausdruck für eine Migrationsbewegung (Quelle: Vietnam, Bibliothèque du voyageur, vgl. Literaturverzeichnis).
Der Name wurde dem Land erst im 19. Jahrhundert durch Gia Long, den Kaiser von Hue gegeben. Dieser musste dafür sogar den Kaiser von China um Erlaubnis bitten.
**Vietnamesische Vornamen:** Die klangvollen vietnamesischen Namen sind uns Deutschen durch Reisen, durch die Literatur oder auch über persönliche Begegnungen mit Vietnamesen in unserer Umgebung bekannt. Daher wäre es sehr schade, wenn man nicht wenigstens von ein paar der gängigen Namen die Bedeutung kennen würde. Allgemein gilt, dass in Vietnam, wie auch in China und anderen asiatischen Ländern, der Name einen Wunsch der Eltern für das Kind zum Ausdruck bringen soll. So hießen nach dem Ende beider in Vietnam stattgefundenen Kriege viele Jungen *Thang*, was *Sieg* und die Mädchen *Binh*, was *Frieden* bedeutet. Viele Namen bringen gewünschte *Charakterstärken* oder einfach *Naturgegebenheiten* zum Ausdruck. Hier einige Namen und ihre Bedeutungen:

Mädchennamen:

Nga Mond
Van Wolke
Cuc Chrysantheme
Lan Orchidee
Ha Fluss
Huong Duft
Tuyet Wasser
Duyen Anmut
Thao Großherzigkeit
Phuc Glück
Thet Schnee
Jungennamen:
Dung Tapferkeit
Hung Heldenhaftigkeit
Manh Kraft
Minh Intelligenz, Klarheit, Reinheit
Phong Wind

Giang Fluss
Duong Sonne
Hai Meer
Lam Wald
Son Berg

Nun kann man auch einige der im Text und im Literaturverzeichnis vorkommenden Namen "übersetzen".
Wie werden die Vornamen im Alltag, z.B. unter Kollegen benutzt? Nach einigen Tagen des Kennenlernens wird ein Kollege nur noch mit seinem Vornamen angesprochen, dem dann ein *Herr* oder *Frau* vorangestellt wird (Quelle: vietnam-kompakt.de).
**Wasserbüffel:** Jeder, der zum ersten Mal im Rahmen einer Pauschalreise nach Vietnam fährt, will natürlich einen Wasserbüffel sehen, zum Beispiel auf der Fahrt von Hanoi zur Halongbucht. Aber die Hoffnung, viele, oder doch wenigstens einige Büffel zu sehen, wird enttäuscht, denn entlang der Hauptroute sind die Wiesen und Reisfelder längst durch kilometerlange Hausklötze ersetzt worden, zumindest am Straßenrand. Hat man Glück, geben seltene Lücken zwischen den Häusern den Blick auf einen kleinen Streifen Reisfeld oder mal auf ein buddhistisches Grabensemble frei, aber dass da gerade ein Prachtstück von einem Wasserbüffel mit ausladenden Hörnern herumläuft, ist eher unwahrscheinlich. Die zwei oder drei Büffel, die wir sahen, waren eher kümmerlich und glichen eher mageren Oberallgäukühen mit schütterem Fell .Trotz dieses Makels ließ man uns an einer bestimmten Stelle aussteigen und fotografieren. Ich fragte mich danach, ob die Tierchen nicht etwa mit Vorbedacht auf den Damm neben einem Wassergraben gestellt worden waren, denn die dazu gehörigen Reisbauern führten ihre Arbeiten, das Schaufel des Schlamms aus dem Graben und das Wasserschöpfen, doch eher showmäßig aus, als hätten sie eigens für die Bustouristen eine staatliche Anstellung beim Tourismusamt erhalten.

In Wirklichkeit, wie auch in der Literatur geschildert, können Wasserbüffel stolze, eigensinnige oder auch besonders gelehrige und friedfertige Tiere sein, auf deren Rücken Kinder turnen oder Flöte spielen können.
Das *Wasserpuppentheater* in Hanoi zeigt regelmäßig Nummern mit Wasserbüffeln. In dem warmherzigen und hochinteressanten kleinen Buch „*Mein verlorenes Land*" von Huynh Quang Nhuong ( Vgl. Literaturverzeichnis) beschreibt der Verfasser den Kampf eines Wasserbüffels mit einem Tiger. In der *Kunststickerei,* die von durch Agent Orange behindert zur Welt gekommene Jugendlichen in Behindertenwerkstätten ausgeführt wird, werden wundervolle Bilder nach Vorlagen gewebt, die den bäuerlichen Alltag mit Wasserbüffeln zeigen.

**Wasserpuppentheater:** Das gibt es nur in Vietnam! Bezauberndes Puppenspiel, das mitten in kleinen Teichen zur Aufführung kommt (Spielweise und Technik vgl. Text). Parallel dazu begleitet „an Land" ein kleines Life-Orchester das Spiel der Wasserpuppenspieler.

Für mich gehört das Wasserpuppentheater zum absoluten Höhepunkt eines Vietnambesuchs und erfüllt mich heute noch, zweieinhalb Jahre nach meiner Reise, mit hellem Entzücken. In Hanoi allein gibt es zwei weltberühmte Wasserpuppentheater.

Inhalte der Stücke sind rituelle Szenen, Mythenstoffe, Legenden, Alltagsszenen. Da wird ein Kaiser von vier Pagen mit Musikbegleitung auf der Sänfte hereingetragen, die Pagen bis zur Hüfte im Wasser, der König in der Luft, denn welcher König will sich schon mit nassen Hosen auf den Thron setzen? In jedem Stück wird der Landgründungsmythos von der Zurückgabe des Zauberschwerts an die Goldene Schildkröte im Hoan-Kiem-See gezeigt. Dann gibt es eine weitere Nummer im Repertoire, die den Tanz der heiligen Tiere Phönix und Drachen zeigt, wobei das Feuergespucke des Drachens, das mit Wasser gelöscht wird, so dass es auf der Wasserbühne nur so zischt, ein heiliger Spaß ist.

Richtig spritzig im wörtlichen und im übertragenen Sinn wird das Wassertheater durch satirische Darstellungen des vietnamesischen Bauernalltags, zum Beispiel in der Szene vom Landwirt, der mit seinen Enten herum prahlt, bis der Fuchs sich eine seiner Prachtenten greift und den Bauern vom Baum herab veräppelt, indem er die Ente vor dem verblüfften Bauern im Maul hin und her schwenkt.

Dann werden kleine Einschübe gebracht, wo Kinder Frösche im Reisfeld jagen oder flötend auf Wasserbüffeln durch den Schlamm waten.
Auch ohne Sprachkenntnisse bleiben mindestens hundert Kilo Witz für den durch solch hohe Kunstfertigkeit verblüfften und beglückten Zuschauer übrig.

**Wasserspinat:** Der Wasserspinat, mit wissenschaftlichem Namen *Hortipedia* genannt, was zunächst an ein Gartengemüse denken lässt, wächst in Flüssen und ist, mit dicken Stängeln auf Tellern serviert, für den Europäer zuerst einmal gewöhnungsbedürftig. Er ist eine „stromernde" Pflanze, die sich frei wie Entengrütze auf Fließgewässern herumtreibt und dort geerntet wird. Auf dem Mekong schwimmt er in großen Büscheln an einem vorbei, man könnte sich auf der Fahrt mit dem Boot direkt ein paar Blätter abschneiden. Sein Wert für die Ernährung hängt jedoch sehr stark von der Qualität des Wassers ab, also lässt man doch lieber die Finger davon.

Die Googlesuche ergibt eine faktisch grenzenlose Liste zum Wasserspinat. Man erfährt da etwa von einer „Helminthiosis of pigs" im Mekongdelta, was an eine Schweineseuche durch den Verzehr von Wasserspinat durch Schweine denken lässt.

*Ausschreitende Hühner*

Es gibt viele Rezepte mit Wasserspinat, entweder als Hauptmahlzeit oder als Zutat. Unter anderem scheinen gebratene Nudeln mit Wasserspinat und Bohnen ein passables Gericht abzugeben. Wasserspinatrezepte treten auch unter klangvollen Namen wie etwa „Morning Glory" in der Liste der Internetrezepte auf. Ist das etwa im Tau der Morgenfrische gepflückter Wasserspinat? Ein Artikel widmet sich der Frage, welche Rolle der Wasserspinat im Vietnamkrieg gespielt habe. Man könnte sich spontan denken, dass er den Soldaten als Notnahrung, aber auch als Tarnkraut für die Kampfhelme gedient hat.

Schließlich gibt es 6.962 Erfahrungsberichte über bei e.bay zu erwerbenden Wasserspinat. Ab zu e.bay!

Insgesamt ist der asiatische Wasserspinat eigentlich eher ein Unkraut, das sogar in Kanälen mit stagnierendem Wasser gedeiht, wenn ich in Hanoi richtig hingeschaut habe. Aber, wie heißt das schöne Sprichwort? In der Not fängt der Teufel eine Fliege und schon ist aus der Not eine Tugend oder gar ein Nationalgericht gezaubert. Und Wasserspinat *ist* ein vietnamesisches Nationalgericht. In sauberen Gewässern geerntet, wahrscheinlich ein grünes Himmelsmanna.

Mir würde Wasserspinat bestimmt schmecken, kleingehackt, püriert und mit viel Knoblauch gewürzt.

**Xinh-xich:** Bei meiner Suche nach etwas Vietnamesischem mit dem Buchstaben X stieß ich bei meiner Lieblingsschriftstellerin Le Minh Khue in den *Kleinen Tragödien* (auf Seite 235, vgl. Literaturverzeichnis) auf das onomatopoetische Wort Xinh-xich, was das Fauchen einer Dampfeisenbahn lautmalerisch nachahmt. Das hat mir gleich gefallen und das *Xinh-xich* darf sich daher als einziges Wort mit X in meinem Lexikon platzieren.

**Yin/Yang:** auch das klingt lautmalerisch und ist ein Kernbegriff aus der Philosophie des Taoismus. Yin steht für das helle, aktive, kalte, himmlische, männliche Prinzip, Yang für das dunkle, passive, warme, irdische, weibliche Prinzip. Beide Prinzipien sind in jedem Menschen wirksam und jeder Mensch muss bei sich darauf achten, beide Prinzipien ständig in Einklang zu bringen. Das Yin und das Yang finden auch in der *vietnamesischen Küche* Anwendung, da dem Essen wie in den meisten asiatischen Ländern eine gesundheitsstiftende Wirkung beigemessen wird. Krank wird man, wenn in der Wahl der Lebensmittel die Harmonie zwischen dem Yin und dem Yang gestört ist. Es gibt in der vietnamesischen Küche nach dieser Auffassung wärmende, kühle und neutrale Lebensmittel. Als wärmend gelten Huhn und Rind (Yang), als kühlend (Yin) Kräuter, Gemüse, Enten, und Kaninchen. Schweinefleisch ist neutral. Bei den Gemüsen ist Knoblauch wärmend, Kohl kühlend. Mit kühlenden Kräutern kann man wärmende Speisen neutralisieren und umgekehrt. Kräuter kommen in Vietnam oft in großer Menge an das Gemüse, um das Yin und Yang der Speisen auszugleichen und heilende Wirkungen zu erzielen.

(Quelle: nach Gerlach, Hans, Bingener, Sabine: Vietnam, Küche und Kultur, Gräfe und Unzer, München: 2004, S. 64).

**Zitronengras:** Zitronengras, auch als *Citronella* bekannt, ist das typischste Gewürz der Küche Südostasiens. Es gehört zur Familie der Süßgräser und hat ein Zitronenaroma mit einem leichten Hang zum Rosenduft. Mit Zitronengras wird auch Tee zubereitet und unter der Bezeichnung *Citronella* dient es auch als Repellent zur Abwehr von Mücken und Moskitos.

Auch hier hat das Internet wieder eine tausendfache Anregung zu Kochrezepten mit Zitronengras. Es ist wie bei uns die Petersilie ein Alleskönner. Ich selbst würde mal das Rezept Hühnchen mit Zitronengras ausprobieren. Es stammt von einer gewissen Ta-Shi und steht im Internet (Quelle, s.o. unter „Glossar").

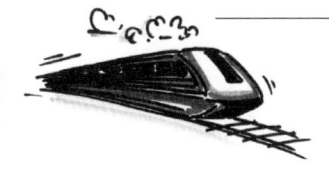

Alles für den Interrailer
**Interrailers.net**

# ANHANG

Dieser Anhang enthält zwei vietnamesische volkstümliche Witze, Ausschnitte aus der englischsprachigen Zeitung *Vietnam News* (April 2009) über aktuelle Probleme Vietnams, ferner einen Artikel aus der BZ (vom 13.5. 2011 über das Verbot der Bärengalle),einen Bricht über die Produktion des Pangasiusfisches in Vietnam und dessen Verarbeitung und Vermarktung sowie ein Rezept für die vietnamesische Rindfleischsuppe *Pho bo*, nach einem Hanoier Rezept.

## Worüber Vietnamesen lachen.

Zwei Kostproben vietnamesischen Witzes (nach Vietnamese Folktales, vgl. Literaturverzeichnis). Übersetzt aus dem Englischen von der Autorin.

## Die Versuchung

Die erboste Seele des Schweins präsentiert sich vor Diem Vuong, dem Fürst der Hölle.
- Herr, sie haben mich ermordet! ruft das Schwein klagend
- Das ist eine ernste Angelegenheit. Sprich, wie ist das geschehen?
- Zuerst haben sie mich mit einem Seil gefesselt und mir die Kehle durchschnitten
- Um Himmelswillen!
- Dann haben sie meinen ganzen Körper mit kochendem Wasser übergossen!
- Gott möge eine solche Gräueltat vergeben!
- Danach haben sie mich in kleine Stücke geschnitten und sie in einen Topf mit Fett und Gemüse gegeben
- Hm...
- Pilzen, Gewürzen ...
- Das reicht! Du machst mir den Mund wässrig!

## Darüber kann man nicht klagen

Der Hauptgang besteht aus Fischen. Zwei auf einem Teller. Einer der Speisegäste greift sich flink den größeren mit seinen Essenstäb-

chen. Das provoziert den Zorn seines Kompagnons
- Was für schlechte Manieren!
- Was ist denn mit dir los? Fragt der Freund überrascht?
- Du hast den größeren Fisch genommen!
- Was würdest du an meiner Stelle tun?
- Ich würde sicher den kleineren nehmen!
- Gut, worüber beklagst du dich dann? Er ist ja noch da!

## Aus der Vietnamesischen Presse

Vogelgrippe, Dengue-Fieber. Stadtmärkte, Kindesentführungen, Bushaltestellen, Bärengalle – ein Touristenziel? / Übersetzung: B. Hölz-Fernbach
Vogelgrippe, 9.4.2009 (Vietnam News)
Die Vogelgrippe kommt in Vietnam offiziell seit 2003 vor und führte zu großen gesundheitlichen und volkswirtschaftlichen Schäden. In den Jahren 2003–2004 verendeten mehr als 51 Millionen Enten und Hühner oder mussten getötet werden. 109 Menschen wurden angesteckt, davon starben 50. Mittlerweile werden Impf-Desinfektions- und Hygienekampagnen durchgeführt. Ein 7,3 Millionen Dollar-Projekt der USA wird zur Wahrnehmung der Gefahr in der Öffentlichkeit, zur Schulung und zur Prävention eingesetzt, um ein Überspringen des Virus auf den Menschen zu verhindern und die Ausbreitung der Seuche einzudämmen.
Denguefieber
HCM City: Mit dem Beginn der Regenzeit ab Mai, Juni stellt sich das Problem des Denguefiebers. Im März dieses Jahres wurden in HCM City 126 Denguefieberfälle diagnostiziert, in 13 Distrikten. Die meisten Patienten waren unter sechs Jahre alt ... In den letzten vier Jahren haben Fälle von Denguefieber stark zugenommen. Letztes Jahr gab es in der Stadt 14 020 Fälle von Denguefieber, 2000 gab es dieses Jahr, im ersten Quartal, zwei davon tödlich. Zu Durchfall kommt es, weil viele Flaschen nicht ordentlich verschlossen sind. Viele Mineralwassersorten mussten beanstandet werden. Das größte epidemische Risiko geht jedoch von der Eisindustrie aus (Eiswürfel, Speiseeis).

## Stadtmärkte in Saigon

In 200 Märkten von Saigon ist die Lebensmittelsicherheit nicht gewährleistet. Im Oktober 2008 war ein Großmarkt in Saigon von der Umweltpolizei ertappt worden, als er Abwasser unmittelbar in den Fluss entsorgte. Im Van Than Markt stinkt der Boden in der Frischfischzone. Fischabfälle liegen überall umher. In der nicht überdachten Marktzone bauen manche Händler ihre Waren neben verwesenden Tieren und faulenden Innereien auf. In Ba Chieu, einem Großmarkt im Binh-Than-Distrikt, gibt es Tümpel mit stehendem Wasser, das schmutziger ist als das Straßenwasser. Viele Stände sind überladen, die Luft in den Märkten ist heiß und stickig, höchstens ein Zehntel der Märkte hat Feueralarmsysteme, die Elektrokabelanschlüsse werden so gut wie nicht gewartet, im bekannten Ben Than Markt in der Innenstadt gibt es 40 % mehr Stände als erlaubt, in den meisten Märkten liegen die Waren in den Gängen umher und machen einen schnellen Einsatz der Feuerwehr unmöglich. Die Situation scheint sich jedoch durch flächendeckende Ausstattung mit Feuerlöschern und Löschwasser zu bessern.

## Kidnapping im Norden Vietnams
(Vietnam News 13.4.2009)

Im Norden Vietnams in der Provinz Ha Giang fielen im letzten Jahr 36 Kinder und 10 junge Frauen einem einzigen Kidnapperring zum Opfer, der an der chinesischen Grenze operierte. Zeugin: Eine Mutter namens Lau Thi Hia aus dem Ort Po Chai:„In jener Nacht war mein Mann nicht zu Hause. Als ich und meine drei Kinder schliefen, schlugen zwei Männer die Tür ein, betraten meine Haus und nahmen meinen vierjährigen Sohn mit. Ich schrie um Hilfe, aber einer der Männer drückte mich am Hals mit den Händen zu Boden."

In einem anderen Fall, im selben Dorf, entführten zwei Kidnapper ein 16- sowie ein 18-jähriges Mädchen, während die Mütter zusehen mussten, mit Waffengewalt. Der Vorfall ereignete sich am hellen Tag.

Grenzwachen auf beiden Seiten hielten sich tagelang in Höhlen auf, um den Kidnappern auf die Spur zu kommen. Oft werden Kinder männlichen Geschlechts für Familien in China geraubt, die sich einen Jungen wünschen, aber keinen bekommen, während Mädchen und junge Frauen an Bordelle verkauft werden. Oft stellte sich heraus, dass auch nahe Verwandte der Kinder und Jugendlichen am Menschenhandel beteiligt waren, in einem Fall sogar die Mutter des entführten Kindes. Ein Großvater verkaufte seinen Enkel, um seinen Lebensunterhalt zu finanzieren. Ein Vater seinen Sohn, um die Ziegel für sein Dach kaufen zu können.

Hauptursache für die leichte Entführbarkeit der Kinder ist in den meisten Fällen die Sorglosigkeit der Eltern betreffs ihrer Kinder. Oft können die Kinder der ethnischen Minderheiten sich völlig unbeaufsichtigt bewegen. Oft fehlt auch das Gefahrenbewusstsein, wenn Eltern Händler oder Verwandte bei sich übernachten lassen, ohne Argwohn zu schöpfen.

Inzwischen lassen die Verwaltungen in den abgelegenen Dörfern Telefone installieren, damit Eltern das Verschwinden ihrer Kinder rasch den Behörden melden können. Nach Artikel 119 und 120 des Kriminalgesetztes stehen 20 Jahre Gefängnis auf Kinder- und Frauenhandel. Neuerdings werden auch Rufe laut, solche Delikte mit lebenslanger Haft zu bestrafen.

## Bushaltestellen
(Vietnam News 16.4.2009)

Der heutige Zeitungsartikel bezieht sich auf die Bushaltestellen in Saigon. 160 der 400 Bushaltestellen sind von Straßenhändlern besetzt. Von Sicherheit für die wartenden Kunden kann keine Rede sein, die Haltestellen sind hinter großen Bäumen versteckt, und es finden sich keinerlei Hinweise über Streckenführung, Abfahrtszeiten und Busnummern.

Die Wartenden müssen auf die Straße ausweichen, denn es gibt keinen Platz, da die Straßenhändler die Haltestellen als ihren Privatbesitz ansehen. Sogar ein Busfahrer, der auf einer Haltestelle anhalten wollte, wurde von einem Reisstäbchenverkäufer angeschrieen, er solle sich vom Platz machen.

Man kann sich auch an keiner offiziellen Stelle über den Wildwuchs der Verkehrsmoral beschweren. Das Managementcenter für das öffentliche Verkehrswesen führt keine regelmäßigen Kontrollen durch. Da die Wartenden auf die Straße ausweichen müssen, auf denen der Motorradverkehr pausenlos tobt, setzt es seine Buskunden unter Umständen einer Gefahr für Leib und Leben aus.

## Bärengalle
**Der Handel mit Bärengalle blüht** (aus BZ 13.5.2011)
**Vietnam geht als einziges asiatisches Land dagegen vor**

HANOI (dpa). Vietnam erhöht den Druck im Kampf gegen das grausame Geschäft mit Bärengalle: Reiseunternehmen soll das Anbieten von „Bärengalle-Ausflügen" vergällt werden. Das Gallensekret wird seit mehr als 3000 Jahren in der chinesischen Medizin genutzt. Es gilt als Heilmittel bei Leberkrankheiten.

Das nationale Amt für Tourismus hat nun Leitlinien herausgegeben, wonach Reiseunternehmen ihre Lizenz verlieren können, falls sie „Bärengalle-Ausflüge" anbieten. Die Welttierschutzgesellschaft (WSPA) hat das Vorhaben begrüßt. Ein Ende des Geschäfts mit der

Bärengalleflüssigkeit ist aber wohl dennoch nicht in Sicht, denn ‚es bringt Profit'...
Als Hochburg für Bärengalle-Reisen gilt laut WSPA die vietnamesische Urlaubsregion Ha Long. Pauschaltouristen, vor allem aus Südkorea, bekommen bei der Buchung eine Live-Entnahme von Bärengalle angeboten. Außerdem können sie die Flüssigkeit kaufen und illegal in ihr Heimaltland einführen...
Die Entnahme der Gallenflüssigkeit ist für die Bären schmerzhaft. Sie werden auf Farmen in Käfigen gehalten, die häufig nicht größer als Telefonzellen sind. Bis zu dreimal täglich wird ihnen laut WSPA der Saft abgezapft -aus einer Wunde, die ihre Peiniger nicht verheilen lassen. Die Tiere bekommen häufig schwere Infektionen. Viele sterben daran...
Der Handel mit Bärengalle ist in Asien zwar illegal, aber er blüht. Nach Angaben der Organisation Traffic haben mehr als die Hälfte aller Heilmittelhändler in Hongkong, China, Malaysia, Birma und Vietnam den Gallensaft im Sortiment. Die Organisation kämpft gegen den Schmuggel von Tieren und Tierprodukten."

## Pangasiusimporte nach Europa

Laut Internetrecherche zählt man rund 19.000 Beschäftigte in der Pangasiusindustrie, die sich zu einem wichtigen Zweig der Lebensmittelbranche gemausert hat. Bekannte Fischhersteller und deutsche und internationale Lebensmittelketten führen den „Edelfisch" in ihrem Sortiment, der angeblich aus ökologisch sauberer Produktion stammt.
90 Prozent der Pangasius-Filets stammen aus Vietnam, das 2010 600.000 Tonnen weltweit, davon ein Drittel in die EU und 40.000 Tonnen allein nach Deutschland exportiert hat. Der Filmbericht des NDR „*Die Pangasius-Lüge*" zeigt die grausame Wirklichkeit im Umfeld der *Pangasiusvermarktung.* Im Zusammenhang damit steht die Verschmutzung des Mekong durch Fischkot und Krankheitserreger, die käfighaltungsgleiche Enge für die Fische in ihren Brutarealen – bis zu 89 schlachtreife Tiere pro Kubikmeter Wasser-, der massenhafte Einsatz von Antibiotika gegen Fischinfektionen und von Chemikalien zur Desinfektion und Pestiziden gegen Algen. Nicht minder ökoschädlich ist die Futtererzeugung für den Pangasius: dessen Speisezettel wird im Südchinesischen Meer produziert, aus den Fischen für das Fischmehl, mit welchem der Pangasius gemästet wird! Wieder einmal werden die Kleinen den Großen geopfert, so ist das in der Fisch- und in der Menschenwelt.
Dazu wird gentechnisch verändertes Sojamehl gereicht, wofür in Südamerika Tropenwälder geopfert werden, um den Sojamonokultu-

ren Platz zu machen. Und nicht nur dies: die à point gemästeten Pangasiusfische – übrigens eine Welsart – werden *lebend* zu den Fischverarbeitungsfabriken befördert! Sie erleiden auf diesen Transporten entsetzliche Qualen. Und zu welchen Bedingungen die Arbeiter in den Fischfabriken sich abquälen müssen gegen einen Hungerlohn, dafür braucht es nicht viel Phantasie, um sich das vorzustellen. Die NGO-Gruppe „Rettet den Regenwald" hat einen Protestaufruf verfasst, in dem die bekannten Supermarktketten, die namentlich aufgeführt sind, aufgefordert werden, den Pangasiusverkauf einzustellen und den Fisch aus ihren Regalen zu nehmen.

# Nudelsuppe

*Und hier für unsere Leser zur Erinnerung ein kleines Geschenk*

## Pho bo

Nudelsuppe mit Rindfleisch
Hanoier Standardrezept für zwei Personen

### 1. Zutaten für 2 – 3 Personen

Für die Brühe

Kleine Zwiebel
Kleine Ingwerknolle, frisch
200 g Rinderbrust und Rinderknochen
Gewürznelken nach Geschmack
2 Esslöffel Fischsauce (gibt es in Asialäden)
Suppeneinlage: Reisbandnudeln

Zum Anrichten

Sojasprossen (Menge nach Geschmack)
1 Frühlingszwiebel
1 Chilischote
1 Limette
Frischer Koriander
Frisches Basilikum
Pfefferkörner

### 2. Herstellung der Brühe:

Zwiebel vierteln und in einem schweren Topf anrösten, Ingwer quetschen und dazugeben. Knochen und Rindfleisch mit Wasser aufgießen, gut zwei Stunden köcheln lassen, dabei den Schaum immer wieder abschöpfen (Vorsicht: stinkt!). Dann Rindfleisch zum Abkühlen herausnehmen, wird später für die Suppe in dünne Streifen geschnitten). Nelken, Zimt in die Brühe geben, wenn man das mag, auch die Fischsauce. mag nicht jeder. nach einer Stunde Garen durch ein Tuch oder Haarsieb abseien. Nudeln einweichen.

**3. Garnitur:**
Zwiebeln, Sprossen und Kräuter waschen, Zwiebel und Chilischote in feine Ringe schneiden, Kräuter zupfen und waschen, aus Limetten Schnitze herstellen, Pfeffer mahlen und alles in kleinen Porzellanschälchen hübsch fürs Auge anrichten.

**4. Herstellen der Suppe**
Nudeln kochen und mit dem geschnittenen Fleisch in Suppenschalen anrichten. Heiße Brühe zugeben und fertig.
Die weißen tiefen Suppenschüsseln, wie man sie auch bei uns in den Restaurants oft bekommt, die mit den Löwenköpfen an den Seiten, eignen sich bestens, denn dort hält sich die Suppe lange warm. Jeder fügt Zutaten nach Belieben hinzu.

*Guten Appetit!* Übrigens wird Pho bo in Vietnam vor allem zum Frühstück gegessen

*Auf dem Markt – Eier in Fülle*